U0111668

大展好書　好書大展

品嘗好書　冠群可期

中華傳統武術15

第三輯

尚派形意拳械抉微

李文彬　傳授

李　宏　武高輝　著

大展出版社有限公司

形意拳大師尚雲祥先生像

「十大武術名師」之一李文彬先生

李宏先生與郭瑞祥老師合影

尚雲祥先生留給李文彬先生的雙刀

李文彬先生撰寫《尚派形意拳械抉微》第三輯的底稿

李文彬先生的書法：福壽康遂

李宏與原國家體委武術處處長毛伯浩合影

李宏演練形意拳龍形

武高輝先生練功照

李宏先生與其子李主一在蘇州賽會上（2004 年）

賀扶微三輯出版

弘揚中華武術

豐富武術寶庫

張山 二〇〇五年四月

前　言

經歷大量業餘時間的整理、編輯，《尚派形意拳械抉微》第三輯終於出版發行了！它是傳統武術在當代的繼承和發展，也是家父李文彬和我等兩代人爲形意拳的發展所應盡的工作。

本輯所撰內容：

1.形意十二形。全部爲尚雲祥老先生晚年親傳家父的練法，不求華麗外表，格物致知，練法和要求與衆不同。尤其在李洛能先生於十大形之外增添的鮀、鮐兩形上，更有與衆不同的解釋和練法，雖是一家之言，但切合形意拳功理功法的要求，廣大形意拳愛好者都喜歡習練形意十二形，希望從中辨識，擇優而習之。

2.形意傳統器械。形意五行刀、劍，形意六合刀、槍、劍、棍，以及廣泛流傳於東北地區尚派門中的形意搖轉刀和形意十三槍。該部分傳統器械套路大部分首次發表，展現形意拳作爲武術一大拳種，不但擅長系統拳術練習，自有特點，而且在器械上同樣豐富多彩。

3.形意稀有器械。形意連環雙刀、大刀、形意文杖，都是尚老先生闡發流傳下來的，從中體現出形意

拳老前輩爲其發展所付出的艱辛及藝高德重、認眞求實的精神，永遠是我們要挖掘繼承和發展的寶貴遺產！

武術，作爲寶貴文化遺產傳流到現在，每個中國人都應尊重和珍惜她，都希望她科學健康地發展。現在有些人大談什麼「太極形意」「形意八卦」、我是練柔勁形意的，我是練競技形意（長拳）的等等，這些都不應推崇。作爲自娛未嘗不可，但拿出來宣傳教學，是不可取。

形意拳械有其自身的理念和練功方法，講練功找勁，一旦勁找著了，萬變都在其中，沒必要去求一個動作有幾種練法，能拆出幾招，這樣追求容易使人墜入繁瑣僵化的練習中。

武術訓練，是教人認識和掌握練功的一種方法，並能觸類旁通，舉一反三。

早在 20 世紀 60 年代，家父就曾受聘於國家級的齊齊哈爾冰球隊，擔任陸地訓練教練。他運用傳統武術的訓練方法於現代體育項目之中，用形意三體式站樁替代蹲槓鈴，用形意趟步訓練提高隊員起動和蹬冰速度，用形意大桿子技術訓練方法提高冰球相互攪桿和擊球技巧。當年的素質訓練和比賽成績均大獲全勝。這是給隊員們引進一種全新而且是科學的訓練方法。他用的是傳統的民族的獨特方法，而沒有盲目地照搬洋人的東西，其結果，大大提高了隊員的基本素質，而且完善充實了隊員的氣質和自信心。

70 年代，我曾與榮獲全運會第三名的某一著名運動員接觸，他誇我劍練得好，並提出與我比槍。當他向我胸前刺槍時，我一個定把下崩槍，使他雙手脫把，愣在那裏。

80年代，學生張效安帶隊參加全省公安幹警大比武，預賽時，各隊在擒敵拳等比賽項目上成績難分伯仲。在決賽前做準備活動時，他帶領全體幹警站形意三體式樁，這一站，全隊的氣勢和自信心就上來了，卻使兄弟隊不知所對，結果不言自明。

現在人們常常提起傳統武術或訓練方法如何同現代競技體育項目運用和結合的問題。我認爲，散打、拳擊、擊劍，甚至包括長跑、游泳等等，傳統武術都可作爲輔助訓練方法，大大提高其運動成績。

堅持科學發展觀，古爲今用，才能使中華武術注入新的生命力，爲人類的健康、情操、品德的修練，爲高度的精神文明建設做出貢獻。

書中介紹的動作名稱及解釋均用現代術語表達，以使廣大愛好者容易接受。本人雖習練形意已半生，終因是業餘愛好，在書中練法和說法難免有不當之處，懇請識家不吝賜教。

謹以此書紀念家父李文彬誕辰88周年。

感謝人民體育出版社有關同志爲《扶微》一至三輯的出版所做的大量工作。

感謝中國武術協會張山副主席爲此書題詞。

感謝師兄武高輝及徒弟劉學海對本書的大力支持。有關書中的照片拍攝及後期電腦製作等工作，是由徒弟張再華及小兒李主一等多人共同努力完成的，

他們從中得到鍛鍊，爲繼承發揚傳統武術做了自己應盡的工作，在此附筆之。

李宏（竑）於鶴城

讀者們若有需與作者聯繫，可按以下方式聯繫：
宅電：0452－5970097
手機：13019038019
傳眞：0452－2122494
Email：spxingyi@yahoo.com.cn

目 錄

第一章　形意拳傳統套路——十二形

十二形是以拳擬 12 種動物的生活形態和搏鬥的特長而組成的形意拳傳統套路。它包括龍、虎、猴、馬、鮀、雞、燕、鷂、蛇、鮐、鷹、熊。較之五形拳練習，又增加了許多手法、身法、腿法和步法，形象豐富、勁力全面，可提高身體素質、改變人的精神氣質，進而達到延年益壽的目的，又可鍛鍊和掌握多種勁力，提高攻防實戰能力。

形意拳是由心意拳（心意六合拳）衍變、戴龍邦所傳。原為十大形，即龍、虎、猴、馬、雞、燕、鷂、蛇、鷹、熊。後由形意拳鼻祖李洛能創添了鮀形和鮐形，使形意拳雖與心意拳有相似之處，但大部分拳理拳法有所不同，其形意技擊之法更趨於全面。

第一節　龍　形

龍是中國古代神話傳說中的動物。蟄龍升天、雲龍九現、騰雲駕霧、翻江倒海等等，處處顯示龍的神奇變換。龍形練神，神發於目，威顯於爪，勁源於腰，而起於承漿之穴（下唇下陷處）。在動作的技法中我們要學它有「搜骨之法」「三折之勢」，順逆盤旋，起伏變換。在其起鑽騰越時，要像蟄龍升天，既輕靈又矯健。在落翻潛沉時，如霹靂擊地，既迅猛而又舒放。故龍形形式雖簡，而動作

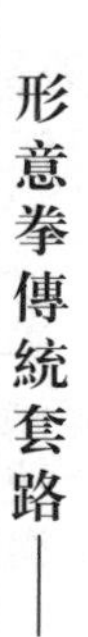

勁力難練。務從起伏柔韌、騰潛矯健的動作中求得周身三節貫穿，身腰剛柔，形神一氣，能如此練習和認識，則形意龍形妙諦可得矣。

一、形意拳龍形的動作名稱

（一）起勢（原地左鷹捉）
（二）龍形原地左起落勢
（三）龍形高跳右起落勢
（四）龍形縱跳左起落勢
（五）進步鑽拳蹬腳（狸貓上樹）
（六）進拗步崩拳
（七）回頭鑽拳蹬腳（狸貓倒上樹）
（八）收勢

二、形意拳龍形動作說明

龍形運動路線呈直線，只有左轉身回身勢（回頭）。

（一）起勢（原地左鷹捉）

1. 身體直立；兩臂自然下落，下頜回收；目視前方，齒叩舌頂；兩膝併攏，兩腳外擺成45°夾角，面向前進方向。（圖1–1–1）。

【要領】

（1）拳經云：「鎖住心猿與意馬，一心要立海底基。」意指練功開始，排除一切雜念，精神集中。

（2）呼吸自然，周身放鬆，頭頂項直。

2. 兩前臂貼肋自然向上抬至胸口，手心向下（圖1–1–

2）。兩前臂掌根、拇指外側貼身，隨呼吸自然下按，使雙掌停於肚臍兩側（丹田）；同時，兩腿併膝下蹲（圖 1-1-3）。動作不停，兩掌變拳，兩拳和兩前臂貼身外旋成拳心向上。（圖 1-1-4）

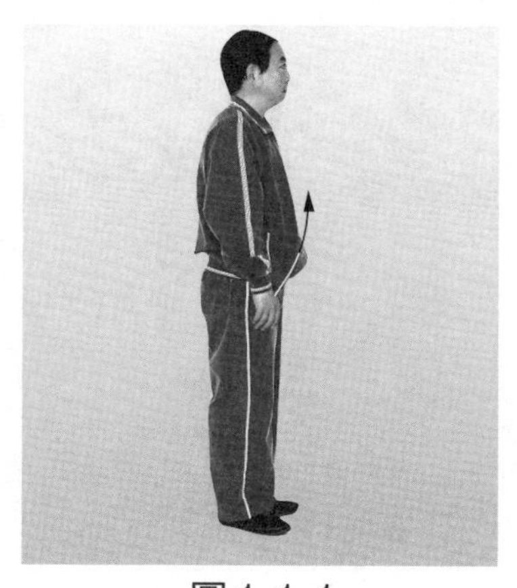
圖 1-1-1

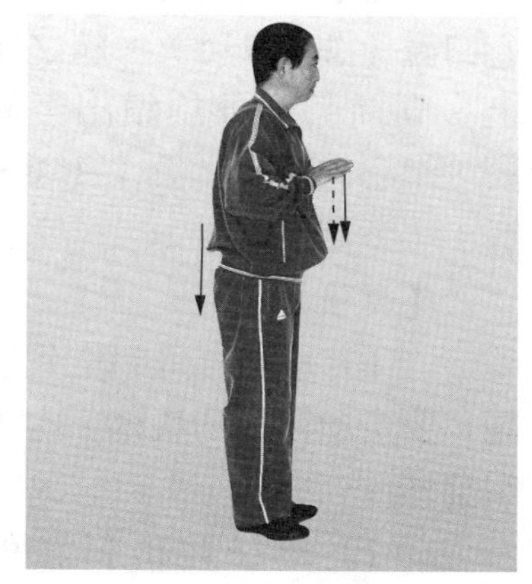
圖 1-1-2

圖 1-1-3

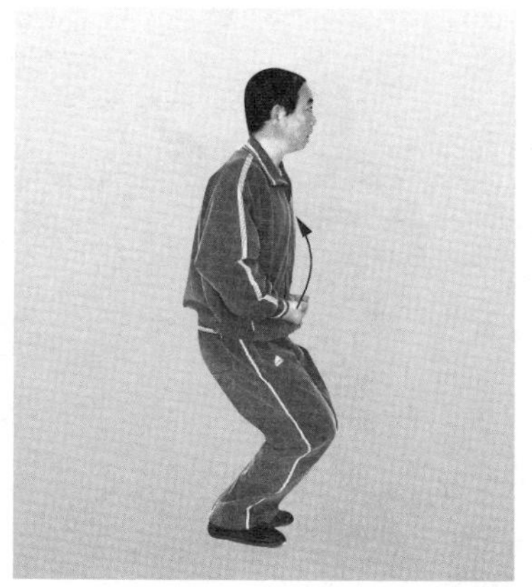
圖 1-1-4

【要領】

（1）兩掌及兩前臂在抬起和下落時，始終遵循「肘不離肋，手不離心」的技法要領。

（2）下蹲時要「尾閭中正」，兩膝緊貼成半蹲式。

3. 右拳及右前臂貼身鑽至心口處（圖 1–1–5）。隨之向上、向前弧形外旋鑽出至眉高，拳心向上。（圖 1–1–6、圖 1–1–6 附圖）

【要領】

（1）拳從心口鑽至眉高，要走出炮彈的軌跡，內含鑽翻螺旋勁力。

（2）出拳要借抖腰催肩、肘、手的三催勁。

圖 1–1–5

圖 1–1–6

圖 1–1–6 附圖

4. 左拳貼心口上鑽至右肘窩上部（圖 1–1–7），繼續上鑽至右拳上方，兩拳同時變「三圓掌」（圖 1–1–8）。左掌由上向前下翻落，掌心向下，腕高與心齊；右掌則由上向下回拉至臍之右側，掌心向下，指尖向前。（圖 1–1–9、圖 1–1–9 附圖）。

圖 1–1–7

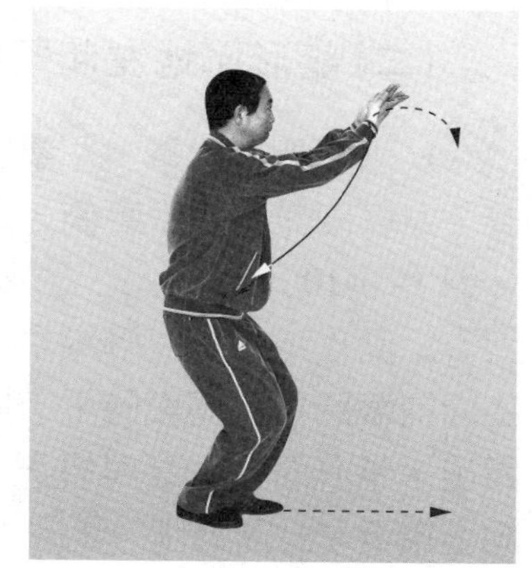

圖 1–1–8

圖 1–1–9

圖 1–1–9 附圖

【要領】

（1）原地左鷹捉要求借助抖腰發勁，做到左手、腳齊到勁整。

（2）左腳邁出，右腳尖略外展必須符合前踵對後踝、重心前三後七的樁步要求。

(二)龍形原地左起落勢

1. 兩掌外旋變拳，左拳回拉與右拳收至臍之左右；同時，左腳回撤至右踝裏側，成左腳尖向前進方向的併步。（圖 1-1-10）

2. 動作不停。左腳經右腿裏側屈膝提起，腳尖邊外擺邊向前截踢，腳高與胯平；同時，左拳經心口上弧線外旋鑽出，拳心向上，高與眉齊；右拳隨之經心口外擰，拳心向上鑽至左肘窩上側。（圖 1-1-11）

3. 動作不停。借重心前移，右腳跟抬起，左腳外擺，

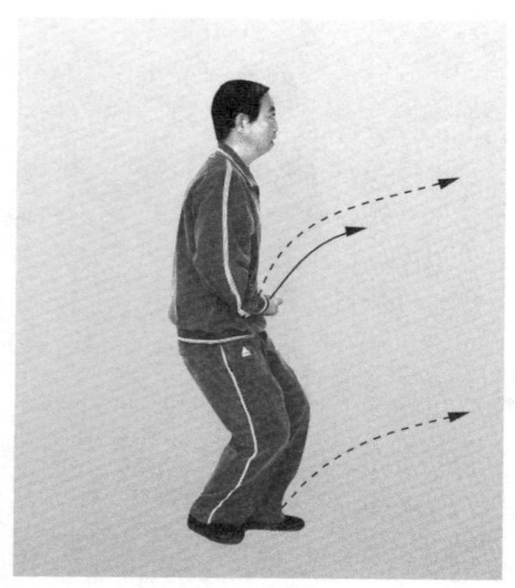

圖 1-1-10

圖 1-1-11

腳尖向下踩落成歇步；右拳鑽至左拳上後，兩拳同時裏旋變掌，右掌向前上弧線劈掌，掌高與肩平，指尖向前；左掌以肘貼肋回拉至左胯旁。（圖 1-1-12、圖 1-1-12 附圖）。

【要領】

（1）右劈掌、左踩腳、左掌回拉應同動同停。

（2）定勢歇步，左腳跟與右腳尖相距約一腳半距離，重心前四後六分配，上身略前傾。

（3）左肘貼肋不得後翹肘，左掌指尖向前，拇指外緣貼靠左胯旁。

（三）龍形高跳右起落勢

1. 兩腳用力蹬地，身體向上躍起，兩腳在空中換成右前左後的交叉步；同時，兩掌變拳，右拳回拉，經腹、胸向前上方鑽出，拳心向上，拳高齊眉；左拳經腹、胸鑽至

圖 1-1-12

圖 1-1-12 附圖

右肘上側，拳心向上。（圖 1-1-13）

【要領】

（1）身體上縱時，要與兩臂前伸及倒腿動作一致，表現「蟄龍升天」的身法，力求速度快，跳得高。

（2）高跳時，右腳尖外擺，向前上踢至胯高，左腳面繃起，勾腿貼至臀下。

2. 動作不停。上身右擰，隨兩腳落地成歇步；左拳前伸，與右拳相遇後，兩拳裏旋變掌，右掌回拉右胯旁，掌心向下，指尖向前；左掌上弧行下按至右腳前上方，掌高與肩平，指尖向前；目視前方。（圖 1-1-14）

【要領】

（1）右起落勢與左起落勢動作要領相同。

（2）下落後，兩腿內含夾勁。不得起伏，注意周身束為一體，防止勁散勢鬆。

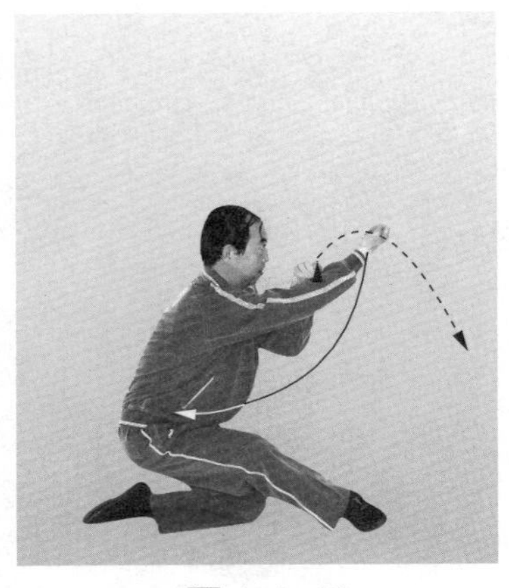

圖 1-1-13

圖 1-1-14

(四)龍形縱跳左起落勢

1. 重心前移，右腳前墊一腳後蹬地踏跳，使身體向前縱跳，在空中換勢成左腳在前右腳在後的交叉步；同時，兩掌外旋變拳，左拳回拉，經腹、胸向前上方鑽出。拳心向上，拳高與肩齊平；右拳經胸口鑽至左肘上側。（圖 1-1-15）

2. 動作不停。上身左擰，隨兩腳落地成左歇步；右拳前伸，與左拳相遇後，兩拳裏旋變掌，左掌回拉左胯旁，掌心向下，指尖向前；右掌弧行下按左腳前上方，掌高與肩平，指尖向前；目視前方。（圖 1-1-16）

【要領】

龍形要求高度，縱跳求遠。要領左右勢相同。

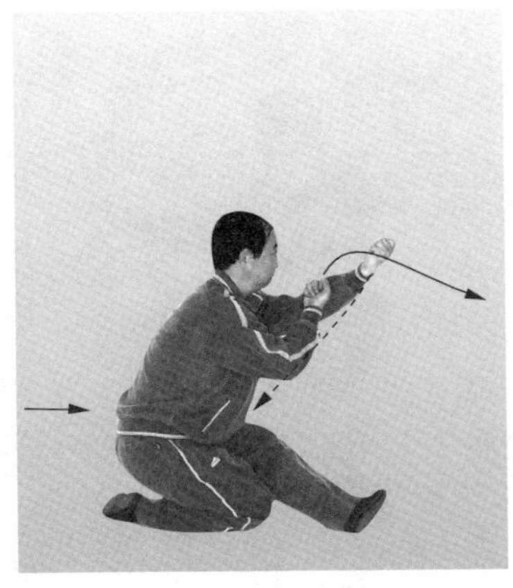
圖 1-1-15

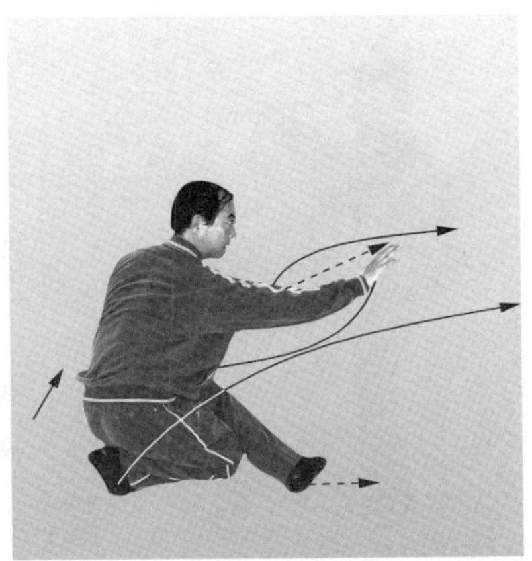
圖 1-1-16

（五）進步鑽拳蹬腳（狸貓上樹）

1. 借右腳後蹬之力，左腳尖略外擺墊上一步，右腳隨之經左腿裏側外擺，腳尖前蹬，高不過胯；同時，兩掌變拳，右拳回拉，經腹、胸向前上方鑽拳，拳心向上，高與眉齊；左拳隨之經心口鑽至右肘上側。（圖 1–1–17）

2. 動作不停。重心前移，上身右擰，右腳尖外擺，向前下踩落，左腳隨即跟半步，腳尖向前，兩腳間約一腳半距離，左膝抵貼右膝裏側，成重心前四後六分佈的交叉步；同時，左拳鑽至與右拳相遇時，兩拳同時裏旋變三圓掌，左掌向前下翻落，左前臂高與胸平；右掌隨之貼左臂回拉下落，收至臍右側，手心向下，指尖向前；目視前方。（圖 1–1–18）

【要領】

（1）左掌下劈、右掌回收與右腳踩落要左右兼顧，上

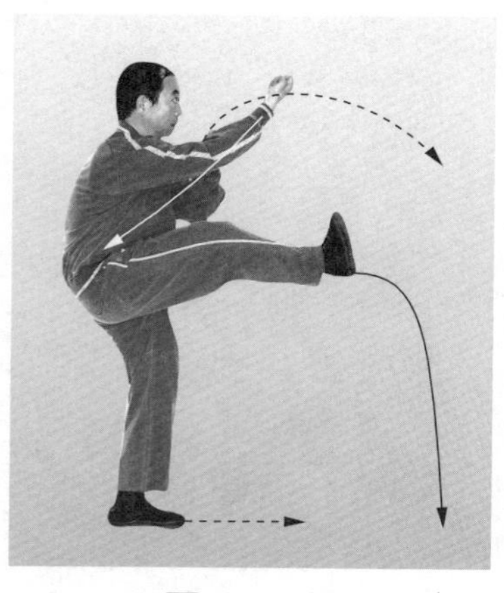
圖 1–1–17

圖 1–1–18

下完整一體。

（2）狸貓上樹之右腿去有截踢之勁，力達腳跟。落有截踩之力，兩勁相連，意勁不同。

(六)進拗步崩拳

1. 借左腿屈膝後蹬，右腿屈膝前墊趟進一步，左腳隨即跟進，提靠右踝裏側成左提步；同時，兩掌變拳，左拳虎口向上，右拳拳心向上；目視左拳前方。（圖 1–1–19）

2. 動作不停。借右腳後蹬，腰右擰，左腳向前趟進一大步，右腳隨即跟進左腳後裏側成崩拳步；同時，右拳貼左前臂上側向前裏擰崩出，虎口向上，拳高與心平；左拳外擰回拉，收拳至臍左側，拳心向上；目視右拳前方。（圖 1–1–20）

【要領】

（1）左腳提步要「併膝、磨脛」，以提高獨立之行的

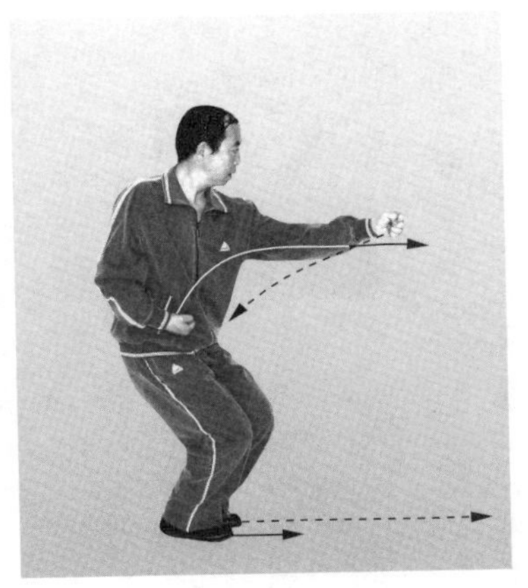
圖 1–1–19

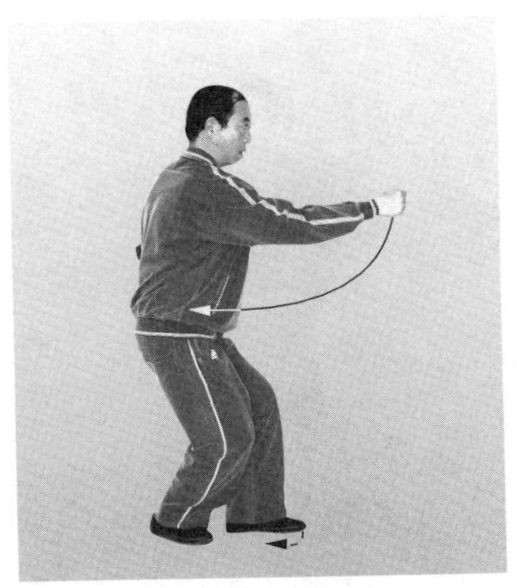
圖 1–1–20

整勁。

（2）左腳踩落與右拳崩出、左拳回拉要手腳齊到。

（3）為便於扣步回身，此時崩拳步兩腳間距應為一腳。

（七）回頭鑽拳蹬腳（狸貓倒上樹）

1. 借右擰腰，左腳以腳跟為軸，腳尖裏扣，與右腳成內八字步；同時，右拳以肘帶拳，邊外擰轉邊回拉至臍之右側，拳心向上；目視左前方。（圖 1–1–21）

2. 動作不停。借上身右轉，重心移至微屈的左腿上，右腿屈膝，貼左腿裏側抬起後勾腳尖，邊外擺邊向前截踢，腳高與胯平，力達腳跟；同時，右拳經腹、胸向前上外擰鑽拳，拳心向上，高不過眉；左拳鑽至右肘上側；目視右拳前方。（圖 1–1–22）

3. 動作不停。借左腳後蹬，重心前移，右腳外擺腳

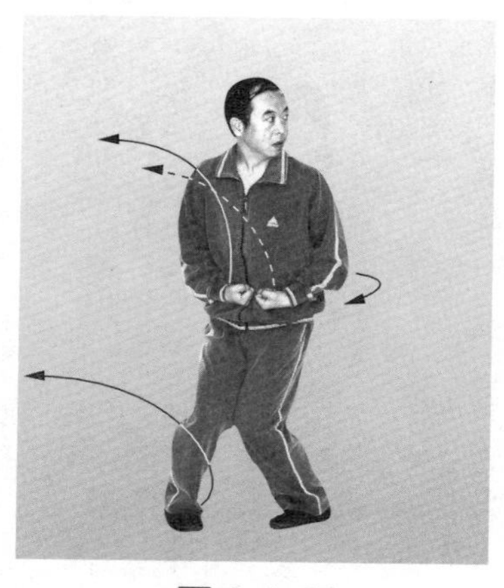

圖 1–1–21

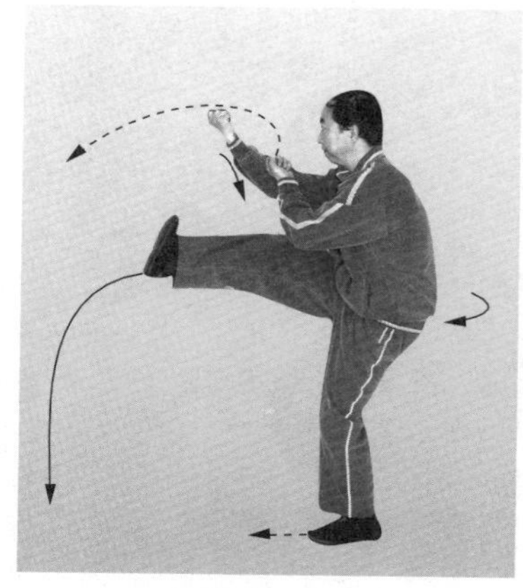

圖 1–1–22

尖，向前下截踩，左腳隨之跟半步，腳尖向前，兩腳約一腳半間隔，左膝緊抵右膝後窩，重心落左腳；同時，左拳前鑽，兩拳相遇時同時變掌，左掌裏旋向前下拍落，掌心向下，掌高與心平；右掌同時貼左臂下，裏擰回收臍之右側；目視左手前方。（圖 1-1-23、圖 1-1-24、圖 1-1-25）

【要領】

（1）狸貓上樹是借墊步直進之勁，狸貓倒上樹是借擰腰、轉身之勁。

（2）勁力、腿法兩者相同。

至此前半趟練完，回頭接龍形左起落勢，再動作相同方

圖 1-1-23

圖 1-1-24

圖 1-1-25

向相反地練到回頭狸貓倒上樹（見圖 1–1–24）後，右腳不動，左腳經右腳裏側向前邁出一步成左順式鷹捉（見圖 1–1–25）後，方可收勢。

(八)收　勢

1. 兩腳不動；兩掌變拳（圖 1–1–26）。接著，左拳外旋，抬至眉高，拳心向上；同時，右拳外旋，以肘為軸，由下向右後上方翻轉，抬至眉高，拳心向上；目視右拳。（圖 1–1–27）

2. 兩拳上捲，向裏併攏，拳面相抵於胸前；目視左腳前方（圖 1–1–28）。隨氣沉丹田，兩拳相抵下沉臍前（圖 1–1–29）。上體左轉，身向正前方後，後腳屈膝上步，與前腳併攏（圖 1–1–30）。兩腿直立成立正姿勢，兩拳變掌自然下垂體側。（圖 1–1–31）

圖 1–1–26

圖 1–1–27

【要領】

（1）形意拳起、收勢時都是左手、左腳在前。

（2）收勢時要緩慢，輕鬆自然。

圖 1-1-28

圖 1-1-29

圖 1-1-30

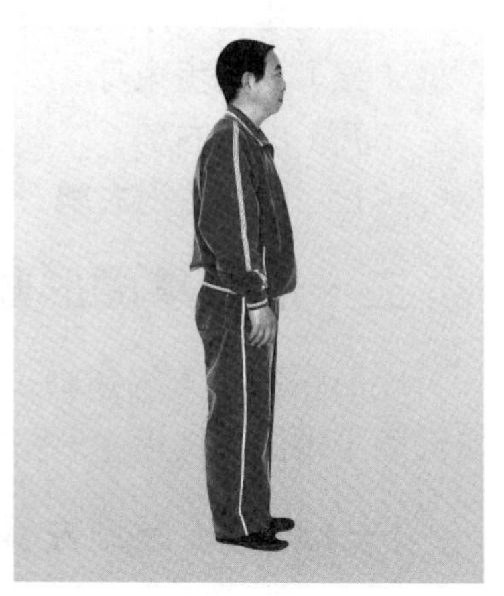

圖 1-1-31

第二節　虎　形

虎有撲食之勇，既能胯打，又擅尾掃，故稱「虎有三絕之技」。它縱山跳澗，兇猛異常，被稱之為「獸中之王」。經曰：「虎未撲食頭早抱。」是指虎未撲食之前，總是先縮身，收腿，兩前爪抱於頜下，藉以蓄力待發，並借後蹬腿，展腰之力，使其前撲既能縱高跳遠，又迅猛力大，特別是爪到嘴也到，使被撲動物無法抗脫。就是在奔跑中它最後的一撲，也完全具備這一特點，這就是虎撲食兇猛之所在，也是「虎抱頭」亦顧亦打的由來。

我們學練虎形就要知其技法，究其竅要，以求形神兼備，技擊效果好。

一、形意拳虎形動作名稱

（一）起勢（原地左鷹捉勢）　（二）右提步雙搓掌
（三）左提步束身　（四）虎形左勢
（五）虎形右勢　（六）虎形左勢
（七）回頭虎形右勢　（八）收勢

二、形意拳虎形動作說明

虎形路線呈直線運動，也可走鋸齒形路線，可左右轉身回頭。本節是按鋸齒形路線，右轉身回頭講解。

(一)起勢（原地左鷹捉勢）

虎形的起勢與龍形起勢的動作及要領均相同，故從略，動作圖片從圖 1–2–9 開始。

(二)右提步雙搓掌

借右腳後蹬，左腳前墊一步，隨之右腳跟進提起成右提步；同時，左右「三圓掌」形不變，借腰左擰，右掌經左前臂裏側向前搓掌，兩肘平行，高與胸平，力達兩掌指尖。（圖 1–2–10）。

【要領】

（1）借助腰左擰、「三催勁」搓出右掌，並與左腳踩落一致。

（2）提步時要求併膝，右腳裏踝骨壓靠在左腳裏踝骨之上，右腳尖微翹，腳底與地面平行。

(三)左提步束身

借重心前移，左腳後蹬，右腳前趟一步踩落，左腳跟

圖 1–2–9

圖 1–2–10

進成左提步；同時，雙掌邊變拳邊外旋擰前臂回拉，使兩拳收至臍之左右，拳心向上。（圖 1–2–11）

【要領】

兩掌邊變拳邊回拉，內含抓擄回帶的勁力。借助貼肋回拉與右腳同動同停，以求既輕快又穩實的整勁。

(四) 虎形左勢

1. 身、腿不動；兩拳邊變掌邊外旋，貼身上鑽至胸口，兩手指尖向上，手指背相抵。（圖 1–2–12）

2. 動作不停。借右腳後蹬，腰左擰，左腳向前進方向左 45° 趟上一步，隨之右腳跟進成左樁步；同時，兩掌邊裏旋邊向上、向前弧線下劈掌（三圓掌），兩肘高與胸齊，兩掌指尖向前，掌心向下，力達兩前臂及兩掌下方；目視兩掌前方。（圖 1–2–13）

圖 1–2–11

圖 1–2–12

圖 1-2-13

圖 1-2-14

【要領】

（1）動作 2 要求進步大，上下協調，一氣呵成。

（2）動作 3 為左勢虎撲，兩臂通過塌肩墜肘，內含外撐，內抱勁力。

（五）虎形右勢

圖 1-2-15

1. 腳不動；借右擰腰，雙臂右平擺 90°（圖 1-2-14）。接著左腳向前進方向右 45°擠趟墊上一步，右腳跟進提起成右提步；同時，雙掌邊變拳邊回拉至臍之左右，拳心向上；目視前方。（圖 1-2-15）

2. 動作不停。兩拳邊外旋邊變掌，上鑽至胸口，兩手

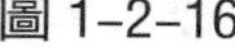
圖 1-2-16

圖 1-2-17

指背相抵（圖 1-2-16）。接著，借左腳後蹬，重心前移腰右擰，向前進方向右 45°趟進一步，隨之左腳跟進成右三體式步；同時，兩掌邊裏旋邊向上、向前弧線下劈掌。定勢後兩肘高與胸齊，兩掌指尖向前，力達兩前臂及兩掌下方；目視兩掌前方。（圖 1-2-17）

【要領】

（1）左腳向前進方向右 45°趟步，是訓練在變向前進時同樣能發出趟勁，並且與雙掌變拳回拉一致。

（2）其他要求與虎形左勢同。

(六)虎形左勢

1. 兩腳不動；借腰左擰，雙臂向左平擺 90°（圖 1-2-18）。接著右腳向前進方左 45°擠趟墊上一步，左腳跟進提起成左提步；同時，雙掌邊變拳邊回拉至臍之左右，拳心向上；目視前方。（圖 1-2-19）

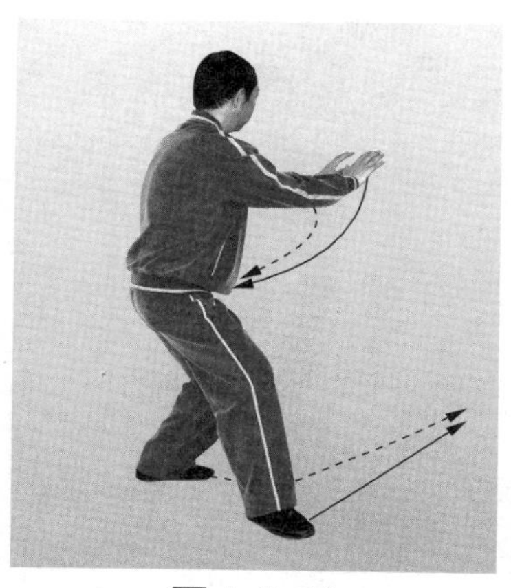

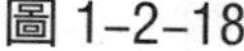
圖 1-2-18

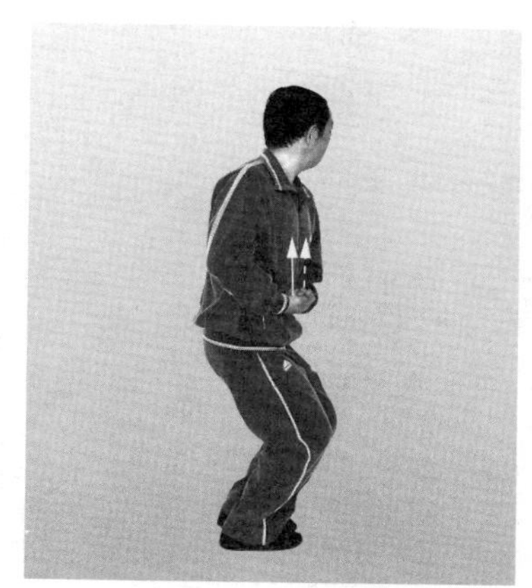

圖 1-2-19

2. 動作不停。兩拳邊外旋邊變掌，上鑽至胸口，兩手指背相抵（圖 1-2-20）。接著，借右腳後蹬，重心前移，腰左擰，左腳向右腳尖前方趟進一步，隨之右腳跟進成左三體式步；同時，兩掌邊裏旋邊向上、向前弧線下劈掌；

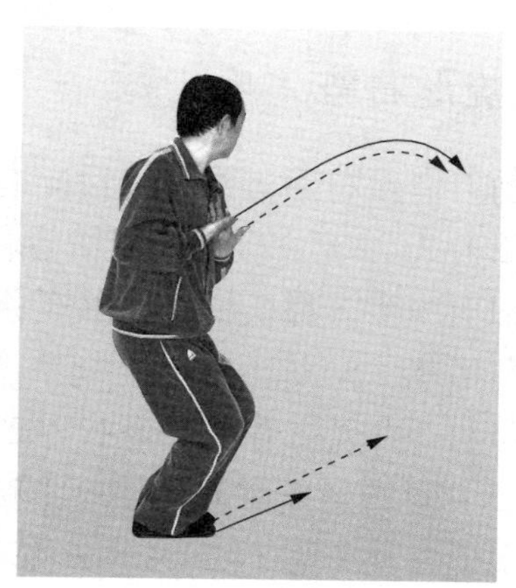

圖 1-2-20

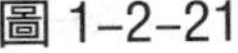

圖 1-2-21

圖 1-2-22

定勢後兩肘高與胸平，兩掌指尖向前，掌心向下，力達兩前臂及兩掌下方；目視兩掌前方。（圖 1-2-21）

接著視場地長短及體力情況，可多次鋸齒形演練虎形左右勢，待回頭時可左右轉身回頭，現以右轉身回頭講解。

（七）回頭虎形右勢

1. 兩腳不動；借腰右擰，兩臂平行向右平擺 135°，目視雙掌前方（圖 1-2-22）。接著，繼續借右擰腰，左腳向右腳外後側擺扣上一步，腳尖向回頭後前進方向，右腳隨之跟上提起成右提步；同時，雙掌邊變拳邊回拉至臍之左右，使兩拳心向上；目視前方。（圖 1-2-23）

2. 動作不停。兩拳邊變掌邊外旋，上鑽至胸口，使兩手指背相抵，指尖向上（圖 1-2-24）。接著借左腳後蹬，腰向右擰，右腳向回頭前進方向右 45°趟進上步，隨之左

圖 1-2-23

圖 1-2-24

腳跟進成右三體式步；同時，兩掌邊裏旋邊向上、向前下劈掌，定勢後兩肘高與胸齊，兩掌指尖向前，力達兩前臂及兩掌下方；目視兩掌前方。（圖1-2-25）

圖 1-2-25

【要領】

（1）由擰腰、擺臂、扣步，表現虎形的胯打和尾掃的形和意。

（2）回頭轉身速度要快，擺臂扣步要上下協調。

（3）左腳扣步時，上身不得有起伏，右腳步儘量不隨之轉動，以抻拔兩踝關節。

至此反覆練習，待練到起勢一側，且同方向的虎形左

圖 1–2–26

圖 1–2–27

勢（圖 1–2–26）時，方可收勢。

圖 1–2–28

(八)收　勢

1. 借腰右擰，左腳前墊半腳；兩掌變拳，左拳略外旋，直線向前擊出，虎口向上，拳高與胸平；同時，右拳外旋回拉至臍之右側，拳心向上；目視左拳前方。（圖 1–2–27）

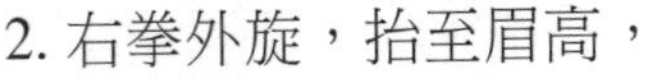

2. 右拳外旋，抬至眉高，拳心向上，同時左拳外旋，以肘為軸，由下向後上方翻轉，抬至眉高，拳心向上；目視右拳（圖 1–2–28）。兩拳上捲，向胸前併攏，兩拳面相抵於胸前；目視左腳前上方（圖 1–2–29）。隨氣沉丹田，兩拳面相抵下沉至臍前。

（圖 1-2-30）

3. 上身左轉，面向前進方向，後腳屈膝上步，與前腳併攏（圖 1-2-31）。兩腿直立站起成立正姿勢；兩拳變掌，自然下垂體側。（圖 1-2-32）

圖 1-2-29

圖 1-2-30

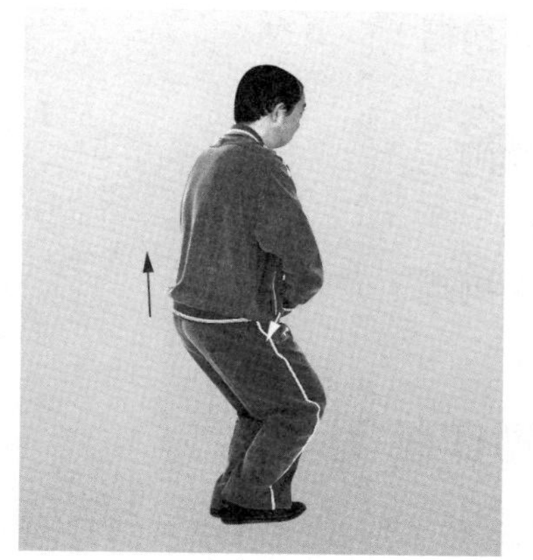

圖 1-2-31

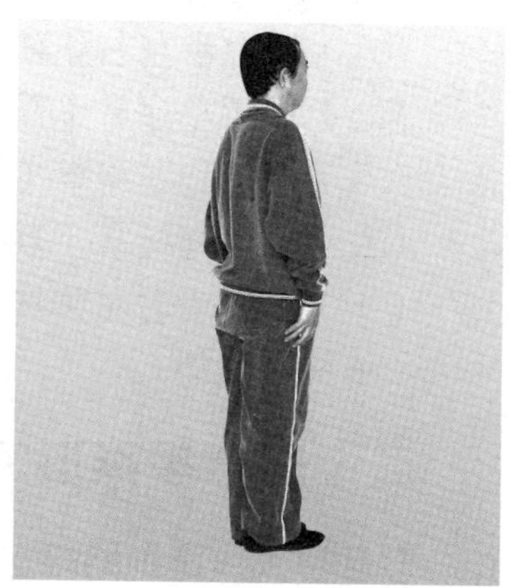

圖 1-2-32

第三節　猴　形

猴性敏且精靈。拳經云：「猴有縱山之靈，攀緣之巧。」它的輕靈確非其他動物可比。我們學練猴形，不論進退晃閃轉換，還是縱跳騰挪，不論是「掛印」「掛繩」，還是「爬竿」都要意動身隨，手腳合一，以求一動周身俱動，並能一發即到。磨礪習久，則不難得猴形之精微。

一、形意拳猴形的動作名稱

（一）起勢（原地左鷹捉）
（二）撤上步右左穿掌（猴掛繩）
（三）提膝右穿掌（猴登山）
（四）雙提膝右穿掌（猴縱山）
（五）左搖轉托掌（猴托印）
（六）撤上步左右穿掌（猴掛繩）
（七）提膝左穿掌（猴登山）
（八）雙提膝左穿掌（猴縱山）
（九）右搖轉托掌（猴托印）
（十）撤上步右左穿掌（猴掛繩）
（十一）收勢

二、形意拳猴形的動作說明

形意拳猴形運動路線呈米字型，按套路可左右轉身回頭，根據套路路線圖，米字路線應走六趟動作，單數到頭時，左搖轉托掌回頭，雙數到頭時，為右搖轉托掌回頭。本節只講第一、二趟的動作說明，其他四趟可按路線圖變化一下角度就可完成。

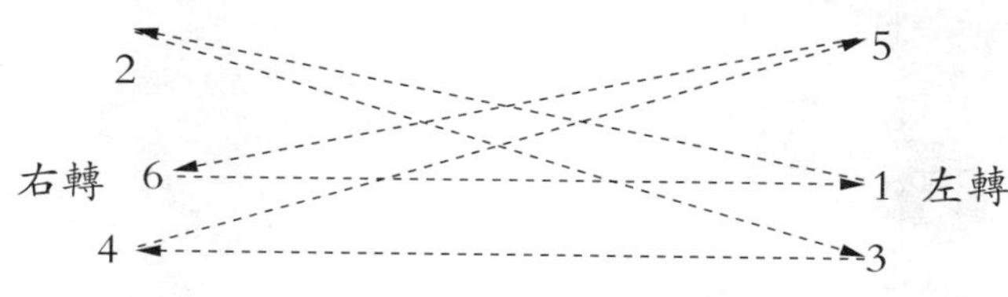

(一)起勢(原地左鷹捉)

猴形的起勢與龍形起勢的動作及要領相同，故從略，動作圖片從圖 1–3–9 開始。

(二)撤上步右左穿掌(猴掤繩)

1. 左腳回撤右踝裏側成併步；同時，左掌上抬至眉

圖 1–3–9

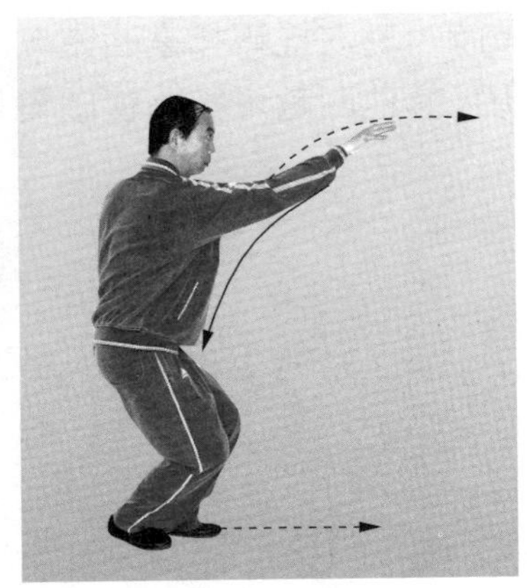
圖 1–3–10

圖 1–3–10 附圖

高，隨之右掌經左前臂及左掌上向前穿掌，掌指向前，掌高與眉平；隨後左掌回收至臍左側，掌心向下，目視右掌前方。（圖 1–3–10、圖 1–3–10 附圖）

圖 1–3–11

2. 動作不停。左腳向前一步成左三體式；左掌經右前臂手背上向前穿掌，掌指向前，掌高與眉平；隨之右掌回收至臍之右側，掌心向下；目視左掌前方。（圖 1–3–11）

【要領】

兩穿掌需沿前臂前穿，一氣呵成，力達指尖。

（三）提膝右穿掌（猴登山）

重心後移至右腿，左腳勾腳尖前提膝；右掌沿左前臂、左手背向前穿掌；掌指向前，掌高與眉平；左掌隨之回拉至臍之左側，掌心向下；目視右手前方。（圖 1-3-12）

【要領】

左提膝、右穿掌協調一致，由腰左擰，使左膝、右掌束為一整體。

（四）雙提膝右穿掌（猴縱山）

1. 左腳向前落步成左弓步；左掌同時貼右前臂上向前穿掌，左掌指向前，掌高與眉齊；右掌隨後回拉至臍之右側，掌心向下；目視左掌。（圖 1-3-13）

2. 動作不停。右腳向左腳前上一步後，迅速向上踏

圖 1-3-12

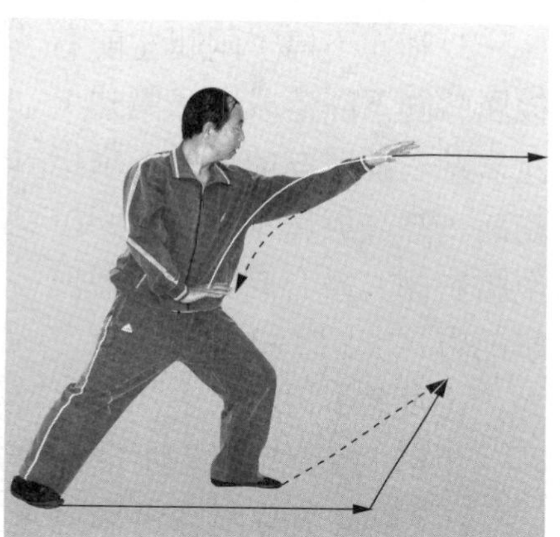

圖 1-3-13

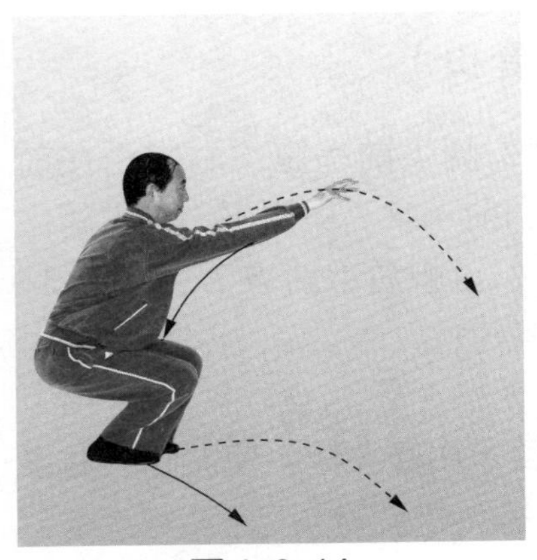

圖 1–3–14

圖 1–3–14 附圖

跳，使兩腿併一起，勾腳尖雙提膝；右掌同時貼左前臂上向前穿掌，左掌回拉至臍之左側；目視右掌前方。（圖 1–3–14、圖 1–3–14 附圖）

圖 1–3–15

3. 動作不停。兩腿左前右後屈膝向下踩落成左三體式；左掌貼右前臂向前搓掌，掌指向前，掌高與肩平；右掌回拉至臍右側，掌心向下；目視左掌前方。（圖 1–3–15）

【要領】

（1）上三個分解動作要連貫、輕靈、協調。

（2）騰空時兩膝併攏儘量上提。落地時手腳同時到位，不可鬆勁晃動。

（五）左搖轉托掌（猴托印）

1. 回撤左腳至右踝裏側成併步；左掌邊外旋邊下弧線回拉，使左掌心向上，插於心口前，掌指向身後；右掌原地外旋變拳，拳心向上；目視左肩前方。（圖 1–3–16）

2. 動作不停。借左擰腰，左腳向前進方向左側弧行外擺上一步；左掌同時向右、向左上方弧行托掌，掌心向上，屈肘掌高過頭；目視左掌。（圖 1–3–17）

3. 動作不停。繼續借左擰腰，右腳裏扣腳尖，向左腳前弧行上一步，兩腳成內八字腳；同時，外旋左肘，使左掌心始終向上，左平擺 360°；目視左掌。（圖 1–3–18）

【要領】

（1）左擺右扣步要圓活，身體不得有起伏。

（2）左托掌外旋要借左轉體慣性。

圖 1–3–16

圖 1–3–17

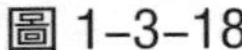
圖 1–3–18

圖 1–3–19

(六)撤上步左右穿掌(猴掛繩)

1. 動作不停。繼續左擰腰，使左腳經右踝裏側向後撤一步成右三體式；同時，左掌下落至肩高時，右掌貼左前臂上向轉身後的前方穿掌；左掌繼續下落至臍之左側；目視右掌。（圖 1–3–19）

2. 動作不停。下肢不動；左右掌分別貼前臂向前各穿一次；目視前掌。（圖 1–3–20、圖 1–3–21）

3. 右腳回撤左踝裏側成併步；左掌貼右前臂上前穿掌，隨後右掌回拉至右臍旁；目視左掌（圖 1–3–22）。動作不停，右腳向前邁一步成右三體式；同時，右掌前穿與肩平，左掌回拉至臍左側；目視右掌。（圖 1–3–23）

【要領】

（1）要領與動作二撤上步右左穿掌相同，唯穿掌順序顛倒。

圖 1-3-20

圖 1-3-21

圖 1-3-22

圖 1-3-23

（2）動作六在撤上步穿掌前比動作二多兩個右三體式的左右穿掌，下面再做此動作時應按動作六做，唯應注意左右三體式先出哪一掌的順序。

(七)提膝左穿掌(猴登山)

重心後移至左腿，右腿勾腳尖前提膝；左掌沿右前臂前穿，指高與眉平；右掌隨之回拉至臍右側；目視左掌前方。(圖 1–3–24)

(八)雙提膝左穿掌(猴縱山)

1. 右腳向前落步成右弓步；右掌同時貼左前臂上前穿掌，左掌隨之回拉至臍左側；目視右掌。(圖 1–3–25)

2. 動作不停。左腳向右腳前上一步後，迅速向上跳，使兩腿併在一起，勾腳尖騰空雙提膝；左掌同時貼右前臂上向前穿掌，右掌回拉至臍之右側；目視左掌。(圖 1–3–26)

3. 動作不停。兩腿右前左後屈膝下落成右三體式；右掌貼左前臂上向前搓掌，掌高與肩平；左掌回拉至臍左側；目視右掌前方。(圖 1–3–27)

圖 1–3–24

圖 1–3–25

圖 1-3-26

圖 1-3-27

(九)右搖轉托掌(猴托印)

1. 回撤右腳至左踝裏側成併步；右掌邊外旋邊下弧線回拉，使右掌心向上插於心口前，掌指向後；左掌原地外旋變拳，拳心向上；目視右肩前方。(圖 1-3-28)

圖 1-3-28

2. 動作不停。借右擰腰，右腳尖外擺，向前進方向右側弧行上一步；右掌同時向左、向右上方弧行托掌，掌心向上，屈肘掌高過頭；目視右掌。(圖 1-3-29)

3. 動作不停。繼續借左擰腰，左腳裏扣腳尖，向右腳前弧行上一步，兩腳成內八字

圖 1-3-29

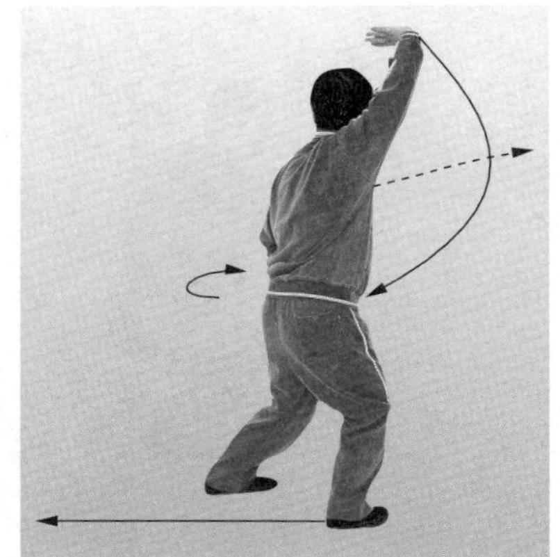

圖 1-3-30

腳；同時，外旋右肘，使右掌心始終向上，右平擺 360°；目視右掌。（圖 1-3-30）

(十) 撤上步右左穿掌（猴掛繩）

1. 動作不停。繼續借左擰腰，使右腳經左踝裏側向左腳跟後方撤一步成左三體式；同時，右掌下落至肩高時，左掌貼右前臂上向轉身後前方穿掌；隨之右掌繼續下落至臍右側；目視左掌。（圖 1-3-31）

圖 1-3-31

2. 下肢不動，動作不停；右、左掌分別向前各穿掌一次；目視前掌。（圖 1-3-

32、圖 1-3-33）

3. 左腳回撤至右踝裏側成併步；右掌貼左前臂上向前穿掌，隨之左掌回拉至左臍旁；目視右掌（圖 1-3-34）。接著左腳前邁一步成左三體式；同時左掌前穿，掌高與肩平；右掌回拉至臍右側；目視左掌。（圖 1-3-35）

圖 1-3-32

圖 1-3-33

圖 1-3-34

圖 1-3-35

【要領】

（1）動作七至動作十與動作三至動作六動作要領相同，唯左右方向相反。

（2）練至圖 1–3–35 為猴形一個來回完成，若按動作路線演練，需接提膝右穿掌（猴登山），注意方向角度，本節在此從略，接收勢動作。

(十一)收　勢

猴形收勢動作與龍形收勢動作相同，文字說明及圖 1–3–36 至圖 1–3–41 省略。

第四節　馬　形

拳經曰：「馬有疾蹄之功、奔馳之勇。」我們在學馬形時，就是學它風馳電掣的特點。練馬形不能離開形意拳技法之本，要從「身似弩弓」「行如槐蟲」的訓練中逐步悟出來，它絕不是瞎跑濫蹦，只有將「槐蟲步」從輕靈和諧及穩實中練出「勁疾步大」的技法勁力才對。

不管是單馬形還是雙馬形，都要充分發揮形意的腰勁和下肢作用。拳經曰，「腳打踩意不落空，消息全憑後足蹬」「去意好似捲地風」，正說明其兩腿前趟後蹬作用，只有這樣才能體現「踐拳似馬奔」的高超技法。

馬形中的兩臂在演練中含裏摟、前衝的疾蹄之勁，其腕關節有扣腕裏刨的技法作用，也充分體現「拳打三節不見形」的精微所在。

一、形意拳馬形的動作名稱

（一）起勢　（二）右提步雙搓掌
（三）雙馬形左勢　（四）雙馬形右勢
（五）單馬形左勢　（六）回頭單馬形右勢
（七）收勢

二、形意拳馬形的動作說明

(一)起　勢

馬形運動路線可走直線，也可走鋸齒形路線，可左右轉身回頭。本節是按鋸齒形路線，右轉身回頭講解。

馬形的起勢與虎形的起勢動作及要領相同，故從略，動作圖片從圖 1–4–9 開始。

圖 1–4–9

(二)右提步雙搓掌

借右腳後蹬，左腳前墊一步，隨之右腳跟進提起成右提步；左右「三圓掌」形不動，借腰左擰，右掌經左前臂裏側向前搓掌，兩前臂平行，高與胸平，兩掌心向下，力達指尖。（圖 1–4–10）

圖 1–4–10

【要領】

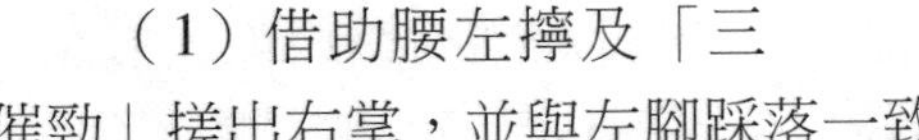

（1）借助腰左擰及「三催勁」搓出右掌，並與左腳踩落一致。

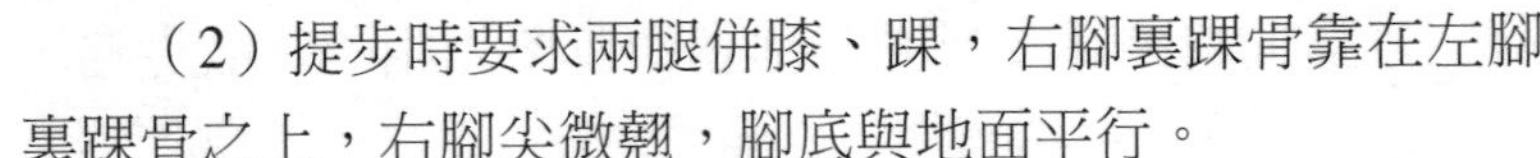

（2）提步時要求兩腿併膝、踝，右腳裏踝骨靠在左腳裏踝骨之上，右腳尖微翹，腳底與地面平行。

(三)雙馬形左勢

1. 動作不變。借左腳後蹬，重心前移，右腳前趟一大步，左腳隨之跟上提起成左提步，兩膝併攏向前進方向；同時，左前臂邊外擰邊向上畫弧回拉至胸前，上臂貼身，拳虎口向前；目視左拳前方。（圖 1–4–11）

2. 動作不變。借右腳後蹬，上身左轉，重心前移，左腳向前進方向左 45°趟進一大步，右腳隨之跟進成左三體式步；同時，左拳邊下扣腕邊向左撥掛後，左右兩拳一起向左腳前上方直線沖擊，兩拳面向前，虎口相對，拳高與胸齊；目視兩拳前方。（圖 1–4–12）

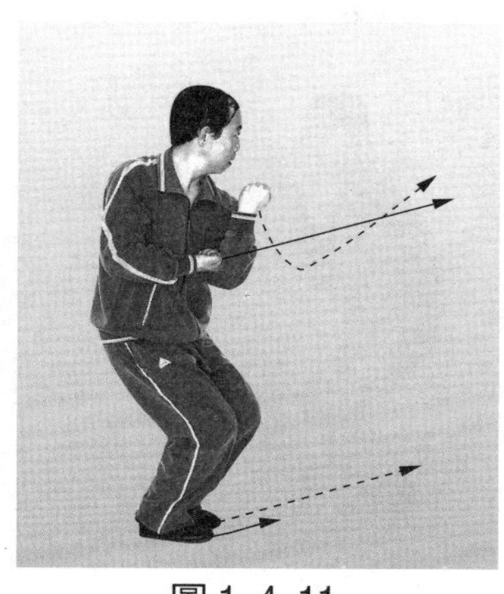

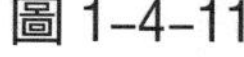

圖 1-4-11

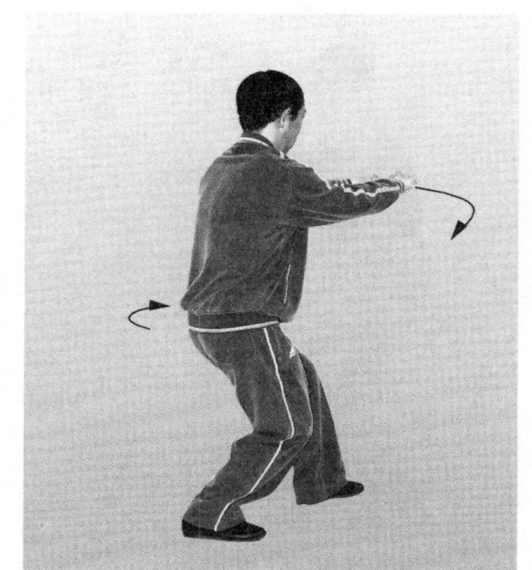

圖 1-4-12

【要領】

（1）圖 1-4-9 至圖 1-4-12 動作要一氣呵成，步要遠，左右提步要穩，體現「獨立之形」的技法含義。並且臂借腿力，上下協調。

（2）圖 1-4-11 的掩肘是一束身動作，蓄力待發，顧中有打，要求左臂弧線回拉，前臂內含外旋滾動，並能掩住右肩。

（3）兩手虎口相對、向前沖擊為「雙馬形」，借助腳力，表現形意拳的剛猛沉實。

(四) 雙馬形右勢

1. 兩腳不動；借腰右擰，兩臂在沉肩墜肘基礎上，向右平擺 90°（圖 1-4-13）。接著借左膝裏扣前擠，左腳向前進方向右 45°進一步，右腳隨之跟進成右提步；同時，兩前臂上弧線外旋回拉，使右上臂貼身，拳虎口向前；左拳收至胸口前，拳面抵在右肘尖裏側，拳心向上；目視左

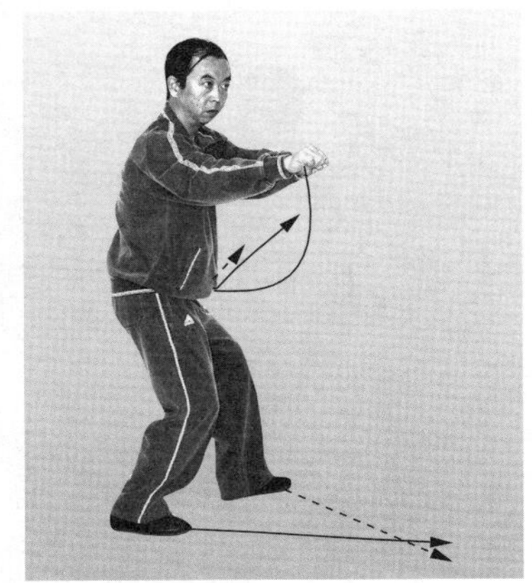
圖 1-4-13

圖 1-4-14

腳前上方。（圖 1-4-14）

2. 動作不停。借左腳後蹬，上身右轉，重心前移，右腳向前進方向右 45°趟進一大步，左腳隨之跟進成右三體式步；同時，右拳邊下扣腕邊向右撥掛後，左右兩拳一起向右腳前上方沖擊。兩拳面向前，虎口相對，拳高與胸齊；目視兩拳前方。（圖 1-4-15）

圖 1-4-15

【要領】

雙馬形右勢要領與雙馬形左勢同，唯左右動作相反。

(五)單馬形左勢

1. 兩腳不動，借腰左擰，兩臂墜肘平行，向左平擺

90°（圖 1–4–16）。接著右腳裏扣前擠，向前進方向左 45°趟進一步，左腳隨之跟進成左提步；同時，左前臂邊外擰邊上畫弧回拉至胸前，上臂貼身，左拳虎口向前；右拳與左前臂一致，邊外擰邊回拉收於胸口前，拳面抵在左肘尖裏側，拳心向上；目視前方。（圖 1–4–17）

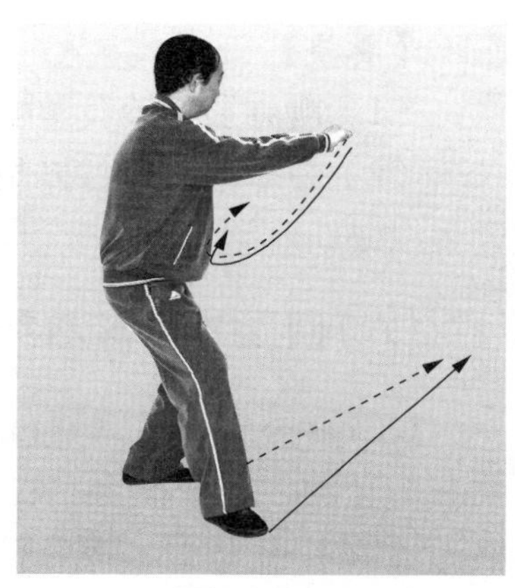

圖 1–4–16

2. 動作不停。借右腳後蹬，上身左轉，重心前移，左腳向前進方向左 45°趟進一大步，右腳隨之跟進成左三體式步；同時，左拳邊下扣腕邊向左撥掛後，左右兩拳一起裏旋向前沖擊，右拳停於左肘裏側，拳心向下，兩拳面向前，拳高與胸齊；目視兩拳前方。（圖 1–4–18）

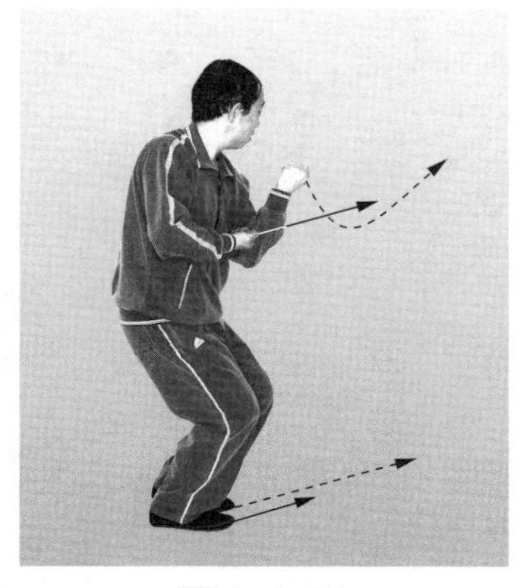

圖 1–4–17

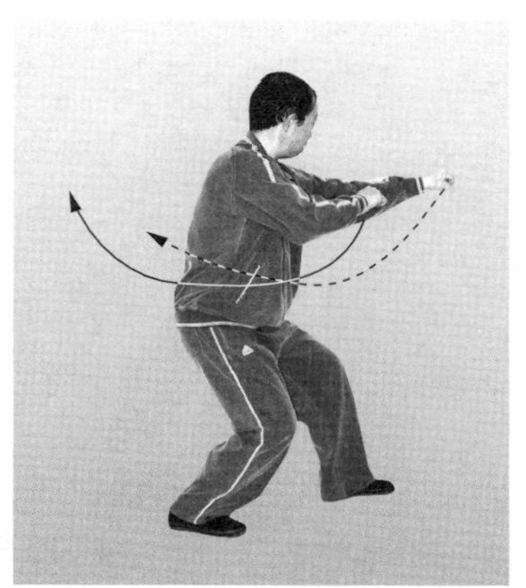

圖 1–4–18

【要領】

（1）雙馬形利於發勁剛實，單馬形利於動作變化。

（2）右拳落於左肘裏側，與左肘間隔一拳，內含撐裹勁，以輔助左拳攻擊。

(六)回頭單馬形右勢

1. 雙腳不動，借腰臂右擰，兩臂下弧線向右擺 135°，使右拳在前，左拳擺至右肘裏側，兩拳同胸高；目視右拳前方（圖 1-4-19）。接著繼續右擰腰，左腳向右腳外後側擺扣上一步，腳尖向回頭後前進方向，右腳隨之跟進成右提步；同時，兩前臂上弧線外旋回拉，使右上臂貼身，右拳虎口向前；左拳外旋收於胸口前，拳面抵在右肘裏側，拳心向上；目視右拳前方。（圖 1-4-20）

2. 動作不停。借左腳後蹬，重心前移，上身右轉，右腳向回頭後前方向右 45°趟進一大步，左腳隨之跟進成右

圖 1-4-19

圖 1-4-20

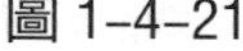
圖 1-4-21

圖 1-4-22

三體式步；同時，兩前臂裏旋，右拳邊下扣腕邊右撥掛，邊向前沖擊；左拳隨之跟進至右肘裏側，兩拳面向前，拳高與胸平；目視右拳前方。（圖 1-4-21）

【要領】

（1）回頭轉身，擺臂要上下協調，速度快。

（2）圖 1-4-20 束身，提步要勢穩、勁整。

至此反覆練習，待練到起勢一側，且與之同方向的圖 1-4-22 方可收勢。馬形收勢動作和要領與虎形收勢相同，故文字及圖 1-4-23 至圖 1-4-27 從略。

第五節　鮀　形

拳經曰：「鮀有浮水之精，撥轉之妙。」鮀，近代人著書因鼉與之同音，並且會水、兇狠，便誤認為是學它。實際鼉是揚子鱷，又叫豬婆龍，它兇狠、貪睡、且會泅

水，在水中僅頭背處露出水面。游水時是直線前游，掌是大巴掌形，並不顯輕靈。

我們所練的鮀形是浮於水面，做曲線前進的，掌形是拇、食指分開，其他三指捲曲，這種掌型分明是學昆蟲輕靈的爪兒，而不是學鼉的大巴掌。

實際鮀形的「鮀」字是前人諧音會意的自選字，在老拳譜注明為「剪字股」，人們俗稱「香油」，也有叫「賣油郎」的灰褐色、長不過寸、六隻長腿的昆蟲，雨後在水面上常見到它。動物界稱它為「水上遊客」，譯音叫「銀蘆」。它才是我們要學的浮游水上、曲線游進、既輕靈又快速、具有浮水之精的小動物。

一、形意拳鮀形的動作名稱

（一）起勢　（二）鮀形右勢
（三）鮀形左勢　（四）鮀形右勢
（五）鮀形左勢　（六）回頭鮀形右勢
（七）收勢

二、形意拳鮀形的動作說明

鮀形運動是鋸齒形路線，可左右轉身回頭，本節按右轉身回頭講解。鮀形掌型如圖。

(一)起　勢

鮀形的起勢與龍形的起勢動作及要領相同，故從略，動作圖片從圖 1–5–9 開始。

(二)鮀形右勢

圖 1-5-9

左腳回拉至右踝裏側成左提步；同時，借腰向右微擰，右三圓掌邊變鮀形掌、邊向右腳外側上弧線裏旋外撐，掌心向前，掌高不過眉，力達掌及前臂外緣；同時，左掌邊變鮀形掌，邊下弧線回拉斜插至臍前，掌心向上；目視右鮀形掌。（圖 1-5-10、圖 1-5-10 附圖）

【要領】

（1）鮀形掌拇指與食指抻開夾角 90°，其餘三指併攏捲曲。

（2）此動作應顯示柔中帶剛的沉實，勁力要飽滿。

圖 1-5-10

圖 1-5-10 附圖

（3）右鮀形掌發勁應借助前臂裹旋，著力於前臂及掌外緣，並與腰右擰叫齊。

(三)鮀形左勢

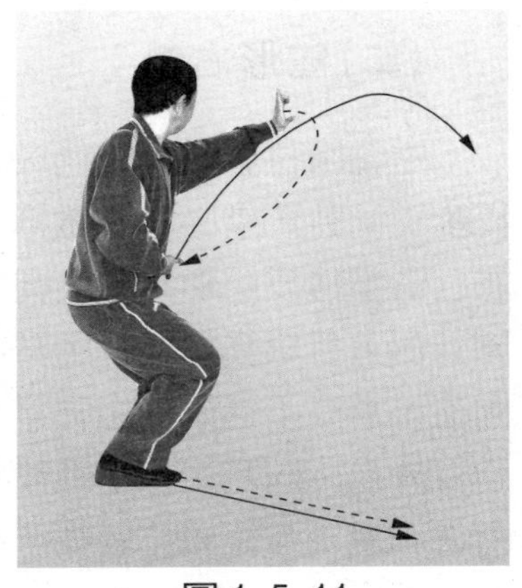

圖 1–5–11

借右腳後蹬，重心前移，左腳向前進方向左 45°趟進一大步。右腳隨之跟進成右提步；同時借腰左擰，左鮀形掌經心口，邊上弧線邊向左腳前上方左 30°處撐掌，指尖向上，掌心向前。高不過眉；右鮀掌隨之邊裏扣外旋邊下弧線斜插臍前，掌心向上；目視左鮀形掌。（圖 1–5–11）

(四)鮀形右勢

借左腳後蹬，重心前移，右腳向前進方向右 45°趟進一大步，左腳隨之跟進成左提步；同時，借腰右擰，右鮀形掌經心口邊上弧線裏旋，邊向右腳前上方右 30°處撐掌，指尖向上，掌心向前，高不過眉；左鮀掌隨之邊裏扣外旋，邊下弧線斜插臍前，掌心向上；目視右鮀形掌。（圖 1–5–12）

(五)鮀形左勢

動作五鮀形左勢與動作三鮀形左勢，動作及要領相同，文字從略，圖片為圖 1–5–13。

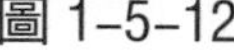

圖 1–5–12

圖 1–5–13

【要領】

動作二至動作五同樣是鮀形，但應表現不同風格和勁力。如動作一練成柔實的，動作二、三練成連貫快的，動作四練成剛猛的，這樣演練出來才有韻味。

(六)回頭鮀形右勢

借左腳側蹬，腰右轉，右腳外擺，腳尖向回頭後前進方向右 45°趟進一步，隨之左腳裏扣腳尖跟進成左提步；同時，借腰右擰，右鮀形掌經心口邊上弧線裏旋，邊向右腳前上方右 30°撐出掌，指尖向上，掌心向前，高不過眉；左鮀形掌隨之邊裏扣外旋，邊下弧線斜插臍前，掌心向上；目視右鮀形掌。（圖 1–5–14）

【要領】

（1）回頭轉身速度要快，定勢提步要穩。

（2）右撐左插鮀形掌與腰右轉、左提步叫齊。

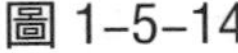

圖 1-5-14　　圖 1-5-15

至此反覆練習，待練到起勢一側，且與之同方向的圖 1-5-15 時，方可收勢。

(七)收　勢

1. 借重心後坐，右腳向後右 45°撤一步，左腳不動成左樁步；左鮀形掌邊外旋變拳，向右微橫格，拳心向上，拳高與眉平；右鮀形掌變拳，拳心向上；目視左拳。（圖 1-5-15）

2. 接下來鮀形收勢動作和要領與虎形收勢相同，故文字及圖 1-5-16 至圖 1-5-20 從略。

第六節　雞　形

拳經曰：「雞有獨立之形，欺鬥之勇。」雞形有稱雞形撕把（表現其欺鬥之勇）或雞形四把（表現其獨立之形）的。叫法不同，是因為追求的側重點不同。雞形因其動作變化大、勁力豐富而被列入形意傳統套路拳之一。加之具有勁力順達、銜接緊湊等特點，故被形意拳前輩所珍視。

雞形套路中有許多技法應掌握，如：「獨立」之穩整、「上架」之輕靈、「食米」之速脆，還有「報曉」「抖翎」，既有「抻拔筋骨」之巧，又有擰腰抖身之爆發勁。特別是雞的「欺鬥之勇」更別具形威。它不畏強暴、不懼異類，眥裂目突、翅羽蝟張、忽騰忽落、亦抓亦啄，真可謂聲威駭人。這些充分表現雄雞的神與氣、勇與智的作用，有待於格物致知為我們所用。

一、形意拳雞形的動作名稱

（一）起勢
（二）右左提步挑掌
（三）右左提步穿掌
（四）拗步崩拳（金雞啄米）
（五）半馬步左撐肘（金雞抖翎）
（六）右提步斜插掌（金雞上架）
（七）右順步挑掌（金雞報曉）
（八）左順步搓掌
（九）右左倒提步劈掌（金雞撕把）
（十）拗步崩拳（金雞啄米）
（十一）半馬步左撐肘（金雞抖翎）
（十二）右提步斜插掌（金雞上架）
（十三）右順步挑掌（金雞報曉）

（十四）右轉身穿掌

（十五）收勢

二、形意拳雞形的動作說明

雞形演練路線是直線運動，只能右轉身金雞抖翎回頭，來回動作有所不同。

(一)起　勢

雞形的起勢與龍形起勢的動作及要領相同，故從略，動作圖片從圖 1–6–9 開始。

(二)右左提步挑掌

1. 重心前移，借右腳後蹬，左膝前擠，左腳墊上一步，隨之右腳跟進成右提步；同時，右掌貼左前臂下前穿至左右手上下相遇時，向上挑三圓立掌，掌心向前，四指向上，力達掌根，高與肩平；隨之左掌肘貼肋回拉至臍之左側，指尖向前，掌心向下；目視右掌前方。（圖 1–6–10）

圖 1–6–9

2. 動作不停。重心前移，借左腳後蹬，右腳前趟一大步，左腳隨之跟進成左提步；同時左掌貼右前臂下前穿至右左手上下相遇時，向上挑三圓立掌，掌心向前，四指向上，力達掌根，高與肩平；隨之右

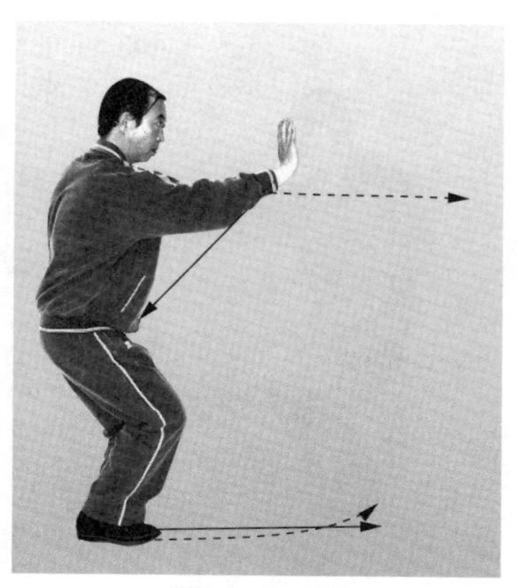

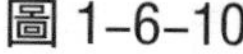

圖 1–6–10

圖 1–6–11

掌肘貼肋回拉至臍之右側，指尖向前，掌心向下；目視左掌前方。（圖 1–6–11）

【要領】

（1）借兩腿的前擠後蹬，要求上步要遠快，提步時要表現雞形的「獨立之形」，輕快穩實，身體不能有仰俯起伏。

（2）左右手上下相遇後，下手上挑上手回拉，兩臂相輔相成。

(三)右左提步穿掌

1. 右腳後蹬，重心前移，左腳向前趟一大步，隨之右腳跟進成右提步；同時，右掌經心口、左前臂上向前穿掌，掌高與肩平，力達指尖；隨之左掌肘貼肋回拉至臍之左側，指尖向前，掌心向下；目視右掌前方。（圖 1–6–12）

圖 1-6-12

圖 1-6-13

2. 動作不停。借左腳後蹬，重心前移，右腳向前趟一大步，左腳隨之跟進成左提步；同時，左掌經心口、右前臂上側向前穿掌，掌高與肩平，力達指尖；隨之右掌肘貼肋回拉至臍之右側，指尖向前，掌心向下；目視左掌前方。（圖 1-6-13）

(四) 拗步崩拳（金雞啄米）

1. 借重心前移，左腳邁出一大步，成右膝伸直的左弓步（過渡性步型）；同時，左掌外旋，向右橫下壓，使掌心向上，指尖向右，高與胸齊；隨之右掌原地外旋變拳，拳心向上；目視左掌前方。（圖 1-6-14）

2. 動作不停。右腳隨之跟進至左踝裏側成左崩拳步；同時，右拳經心口裏旋向前崩拳，力達拳面，虎口向上，拳高與胸平；左掌心附於右前臂下側；目視右拳。（圖 1-6-15）

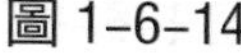
圖 1-6-14

圖 1-6-15

【要領】

（1）借助右腳後蹬、左上步、左掌以臂帶腕，向右下橫截。要用「沾身縱力」的勁。

（2）圖 1-6-15 左趟右蹬腳，要求同動同停，並與右崩拳叫齊。

(五)半馬步左撐肘(金雞抖翎)

左腳前蹬地，重心後移，右腳後撤一步，左腳隨之後撤半腳，成右腳在前向回頭後前進方向的半馬步；同時，左掌貼右前臂裏側立掌回掩後，向定勢後左膝外撐肘，指尖向回頭後前方，前臂垂直，力達前臂外側及掌根；隨之右拳邊屈肘裏旋邊回拉，邊向右耳側頭上撐肘，虎口向後；目視左肩前方。（圖 1-6-16）

【要領】

（1）半馬步為前腳尖微裏扣，重心成前四後六分佈的

圖 1-6-16

圖 1-6-17

三體式步。

（2）撐左肘要與撤步叫整，以表現形意拳「退也打」的技法。

（3）右後撐拳運動時要掩住頭部，內含裏旋撥掛勁力。

(六)右提步斜插掌(金雞上架)

1. 重心前移成右弓步；同時，右拳邊變掌邊向右腳前上方前穿，指尖向前，掌高過頂；左掌外旋落於身後；目視右掌。（圖 1-6-17）

2. 動作不停。左腳略外擺腳尖，向前上一大步，右腳隨之跟進成右提步；同時，右立掌屈肘壓腕，經右肩前向左胯前斜下插掌，掌心向上，掌指向後；左掌隨之邊外旋屈肘腕，邊經左胯前向右肩前斜上穿掌，兩臂左上右下貼於身前，左掌指斜向前方；目視左掌前方。（圖 1-6-18）

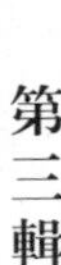

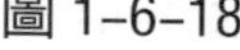
圖 1-6-18

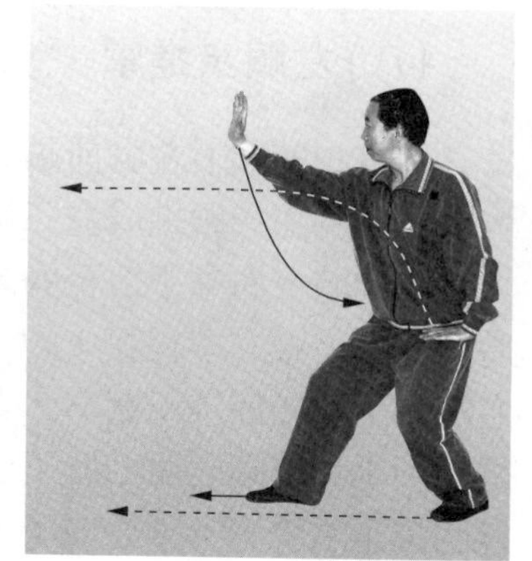

圖 1-6-19

（七）右順步挑掌（金雞報曉）

動作不停。借左腳後蹬，重心前移，右腳向前趟一大步，左腳隨後跟進成右三體式步；同時，右臂屈肘立掌向前上方挑打，掌心向前，高與眉齊；左掌隨之下弧線回落至左胯旁，掌心向下，指尖向前；目視右掌前方。（圖 1-6-19）

【要領】

（1）金雞上架報曉應一氣呵成。

（2）插穿掌要與右提步叫齊，並按「先求開展，後求緊湊」的要求去做。

（3）右挑打要借助右腳前趟下踩勁力，並與左掌回拉相輔相成。

(八)左順步搓掌

圖 1-6-20

借重心前移，左腳前趟一大步，右腳隨後跟進成左三體式步；同時，右掌下落至胸高時，左掌借腰右擰經腹、胸、右前臂上側向前搓三圓掌，力達指尖；右掌隨之肘貼肋下弧線回拉至右胯旁，掌心向下，指尖向前；目視左掌前方。（圖 1-6-20）

【要領】

搓掌不含鑽翻螺旋勁，借助上步擰腰，並與之叫齊。

(九)右左倒提步劈掌(金雞撕把)

1. 左腳回撤至右踝裏側後，右腳提起成右提步；同時，左掌邊變拳邊外旋回拉，經腹、胸向前上方鑽拳，拳心向上，拳高與眉齊；右掌原處外旋變拳，拳心向上；目視右拳前方。（圖 1-6-21）

2. 動作不停。右腳向前上一步成右三體式；同時，右拳外旋，經腹、胸貼左前臂上側前鑽至兩拳相遇時，兩拳一起裏旋變掌，右掌向前下方劈掌，掌指向前，高與胸平；左掌向下回拉至左臍前、掌心向下，掌指向前；目視右掌前方。（圖 1-6-22）

3. 動作不停。右腳回撤至左腳裏側成右提步；同時，右掌邊變拳邊外旋回拉，經腹、胸向前上方鑽拳，拳心向

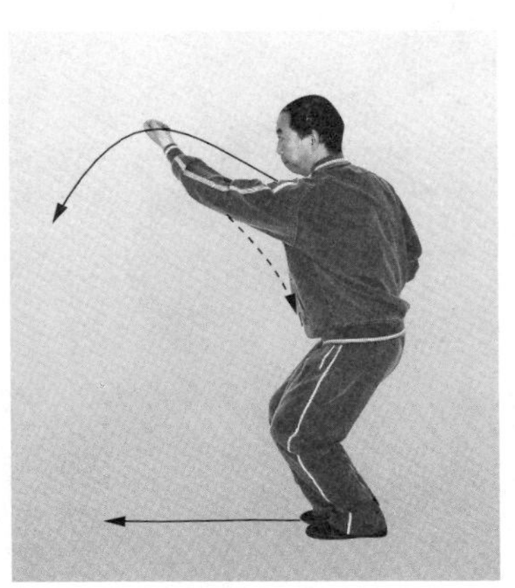
圖 1-6-21

圖 1-6-22

上，拳高與眉平，左掌原地外旋變拳，拳心向上；目視右拳前方。（圖 1-6-23）

圖 1-6-23

4.動作不停。右腳落地，左腳抬起成左提步；同時，左拳外擰，經腹、胸前貼右前臂上前鑽，當兩拳相遇時，左拳裏旋變立掌下壓，掌指向上，掌外緣向前，掌高與肩平；同時，右拳下落回拉至右胯旁，拳心向上；目視左掌前方。（圖 1-6-24）

【要領】

（1）金雞撕把是表現兩雞鬥架的形態，故隨倒手腳，上身略有仰俯起伏。

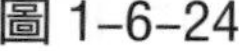

圖 1-6-25

（2）兩臂倒把時動作要放開，運行要緊湊。

(十)拗步崩拳(金雞啄米)

1. 借重心前移，左腳邁出一大步，成右膝伸直的左弓步（過渡性步型）；同時，左立掌外旋向右橫下壓，使掌心向上，指尖向右，高與肩平；目視左掌前方。（圖 1-6-25）

2. 動作不停。右腳隨後跟進至左踝裏側，成左崩拳步；同時，右拳經心口，邊裏旋邊向前崩拳，力達拳面，虎口向上，拳高與胸平。左前臂下壓，使左掌心附於右前臂下側；目視右拳前方。（圖 1-6-26）

動作十一半馬步左撐肘（金雞鬥翎）、動作十二右提步斜插掌（金雞上架）、動作十三右順步挑掌（金雞報曉）與動作五半馬步左撐肘、動作六右提步斜插掌、動作七右順步挑掌演練動作相同，只是方向相反，故文字和圖 1-6-27 至圖 1-6-29 省略，圖文從圖 1-6-30 開始。

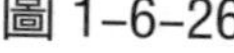

圖 1-6-26

圖 1-6-30

（十四）右轉身穿掌

1. 借右轉身及重心後移，右腳跟經左腳跟向後撤一大步，成左三體式；左掌同時經胸口、貼右前臂下側向前穿掌，掌心向下，掌指向前，掌高與肩平；同時，右掌略下壓回拉至右胸前，掌心向下，掌指向前；目視左掌前方。（圖 1-6-31）

圖 1-6-31

2. 動作不停。借右轉身 180°，兩腳以腳跟為軸，右擺左扣腳尖，成右腳在前的三體式；同時，右掌向轉身後右腳尖前上方穿掌，掌指向前，掌高與肩平。左掌隨前臂弧線裏轉，落至左胸前，掌心向下，掌指向前；目視右掌前

圖 1-6-32

圖 1-6-33

方。（圖 1-6-32）

3. 動作不停。借上身右擰，左腳前上一大步成左三體式；左手經胸前、右前臂下側向前穿掌，掌心向下，掌指向前，掌高與肩平；右掌同時直線回拉至右胸前，掌心向下，掌指向前；目視左掌前方。（圖 1-6-33）

圖 1-6-34

4. 動作不停。上身繼續右擰。兩腳以腳跟為軸，向原前進方向右擺左扣腳後成右三體式；同時，右掌繼續前穿至右腳前上方，左掌回拉至左胸前；目視右掌前方。（圖 1-6-34）

5. 動作不停。重心落左腳，右腳回拉提起成右提步；

圖 1-6-35

圖 1-6-36

同時，左掌下落至左臍前（圖 1-6-35）。接著重心後坐，右腳後撤一大步，左腳隨之後撤成左三體式；同時，右臂屈肘下落至胸前時，左掌經胸口、貼右前臂上向前搓掌，掌心向下，掌指向前，掌高與肩平；右掌接著下落回拉至臍右側。（圖 1-6-36）

【要領】

（1）擺臂穿掌時，後掌擺臂動作幅度儘量小，並減少高低變化。穿掌時應屈肘，成較直的三圓掌，做到力達指尖。

（2）兩穿掌需經前臂下側穿出，第一個應實、第二個應快，最後一個搓掌應從前臂上側搓出，與後撤右腳叫齊。

(十五) 收　勢

雞形的收勢與龍形收勢動作及要領相同，故文字及圖 1-6-37 至圖 1-6-41 省略。

第七節　燕　形

拳經曰：「燕有抄水精，擊水之巧。」它矯捷低掠，扶搖高翔，靈活速敏，堪稱獨步鳥類。我們學練燕形，不論是「抄水」「啄泥」還是「擊水」都要在輕靈和諧中去求得。

練習時要求動作活而不浮，實而不滯，在一氣貫串中能縱得遠，起得快，落得輕，以達到跳躍的輕靈、起伏的流暢、勁力的實整的追求目的。

一、形意拳燕形動作名稱

（一）起勢（鷂子入林）
（二）進順步左炮拳
（三）左提膝穿掌（燕子展翅）
（四）雙提膝騰空穿掌（燕子抄水）
（五）左提步雙蓋拳（燕子擊水）
（六）拗步崩拳（燕子啄泥）
（七）進步右劈拳
（八）橫襠步右肘打（上步抖翎）
（九）轉身順式穿拳（鷹鷂回頭）
（十）收勢

二、形意拳燕形的動作說明

燕形路線呈直線運動，只能左轉身回頭。

(一)起勢(鷂子入林)

1. 身體自然直立，頭頂項直，下頜微收；兩臂自然下垂，兩掌向內貼於大腿外側，兩腳跟併攏，兩腳尖分開45°；目視前方。(圖 1–7–1)

2. 兩腳不動，併膝下蹲；右臂經身右 45°上舉外旋撩拳，拳心向上，拳高與眉齊(圖 1–7–2)。隨後右前臂裏旋弧形下壓，反擰向前鑽出，拳心向右，拳高與臍平；同時，左拳從體左向上、向裏旋回捲，拳心向下，抵右上臂裏側，拳高與胸平(圖 1–7–3、圖 1–7–3 附圖)。

3. 借右腳後蹬，上身右擰，左腳向前邁一步成左三體式；同時，左拳經右前臂下側，邊外旋邊向前下方沖拳，虎口向上，拳高與臍平；右肘隨之貼肋外旋回拉，使右拳收於臍右側；目視左拳前方。(圖 1–7–4)

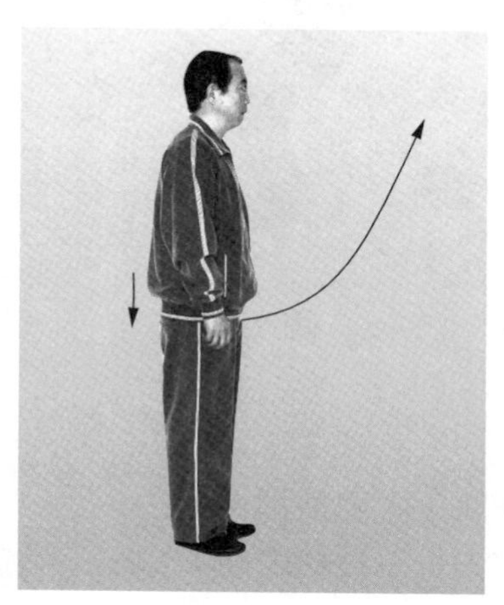

圖 1–7–1

圖 1–7–2

圖 1–7–3

圖 1–7–3 附圖

圖 1–7–4

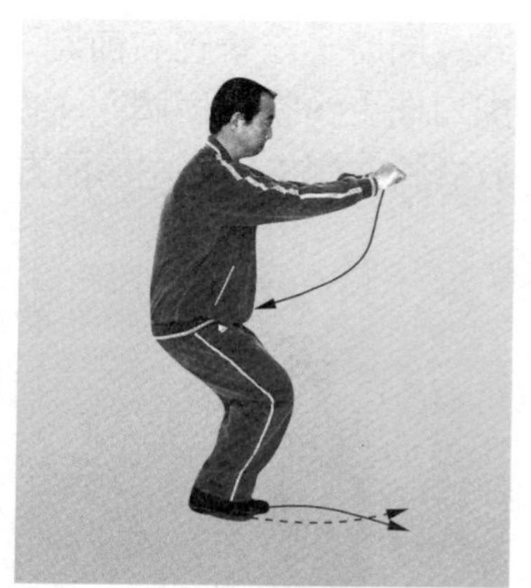

圖 1–7–5

【要領】

（1）整個動作要求外示安逸，內固精神。

（2）左三體式重心前四後六，上身略前傾。

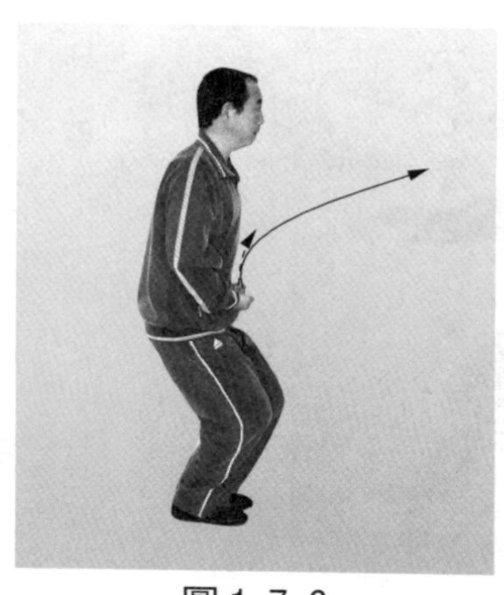

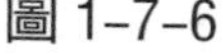
圖 1-7-6

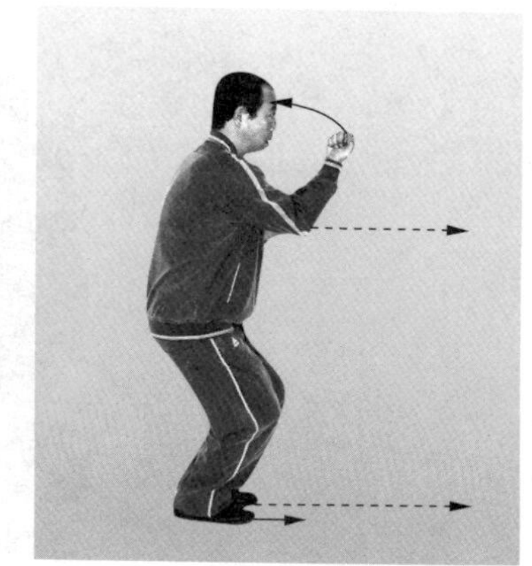

圖 1-7-7

(二)進順步左炮拳

1. 右腳後蹬，重心前移，左腳向前墊上一小步，右腳隨後跟進提起成右提步；同時，兩拳裏旋，左拳向前上抬起，右拳向前上方沖拳，使兩拳虎口相對，拳心向下，拳高與胸平；目視兩拳前方。（圖 1-7-5）

2. 動作不停。右腳前趟一大步，左腳跟進成左提步；同時兩前臂外旋回拉，使兩拳收至臍之兩側，拳心向上；目視右腳前上方。（圖 1-7-6）

3. 動作不停。腿腳不動；借腰左擰，右拳邊外擰邊前鑽至胸前，虎口向前，左拳邊外擰邊跟至右肘裏側，拳心向上；目視右拳前方。（圖 1-7-7）

4. 動作不停。借右腳後蹬，重心前移，左腳前趟一大步，右腳跟進成左三體式；同時，右前臂邊裏旋邊向右上方翻轉右拳，使右拳虎口貼於右額上；左拳借右擰腰，邊

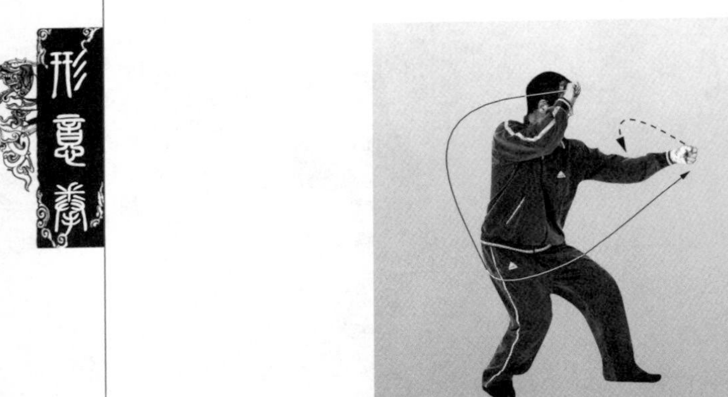

圖 1-7-8

裏旋邊向前沖拳，虎口向上，拳高與胸平。（圖 1-7-8）

【要領】

（1）兩個提步要求上步大、快，提步要併膝，穩實。

（2）右拳撥掛與左崩拳及左腳上步要叫齊、勁整。

(三)左提膝穿掌(燕子展翅)

1. 重心前移成左弓步（過渡性步型）；同時，左拳邊變掌邊上弧線回拉至右肩上，掌心向右；右拳亦同時邊變掌邊在身右側從後向下、再向前擺掌，掌心向左，掌高與胸平；目視右掌前方。（圖 1-7-9）

2. 動作不停。重心後移至右腳，右腿微屈膝站立，左腳尖勾起，側提膝獨立；同時，借上身右擰，右臂邊外旋邊向上後擺至頭後上方；左掌隨之裏旋，下弧線穿掌至左膝裏側，兩掌心均向前方；目視左提膝前方。（圖 1-7-10）

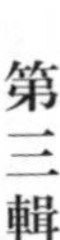

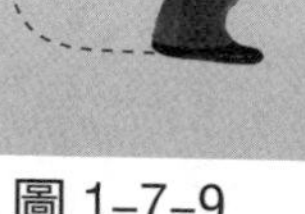
圖 1-7-9

圖 1-7-10

【要領】

（1）重心轉移，步型轉換要流暢。

（2）右擺臂、右穿掌與左提膝要求動作開展、協調。

(四)雙提膝騰空穿掌（燕子抄水）

1. 重心前移，左腿下落成左弓步（過渡性步型）；左掌外旋，上弧線回拉至右肩上，掌心向右；右掌亦同時後下擺臂，經身右側下弧線向前擺掌，掌心向左；目視右掌前方。（圖 1-7-11）

圖 1-7-11

2. 動作不停。重心前移，右腳經左踝裏側向左

腳前墊上一步後，迅速蹬地跳起，騰空時雙腿儘量提膝併攏在腹前；同時，右臂貼身前，外旋再上擺臂一周至頭後上方；左掌隨之裏旋，下弧線向前穿掌，兩掌心均向上；目視左掌前方。（圖 1-7-12）

圖 1-7-12

【要領】

（1）燕子抄水是形意拳有限的跳躍動作之一，要求側身高跳，形如燕子般輕靈。

（2）跳躍時兩小腿及腳尖勾起，使腳置於臀下。

（五）左提步雙蓋拳（燕子擊水）

1. 動作不停。兩臂不動；兩腳落地，右腿下蹲，左腿向左肩前方仆腿成左仆步；目視左掌前方（圖 1-7-13）。接著重心前移成左弓步；左掌外旋前上穿掌，右掌下落，使兩臂在前後一條直線上，兩掌心向右；目視左掌前方。（圖 1-7-14）

2. 動作不停。兩腿不動；兩掌邊變拳邊由身兩側上弧線擺前臂相交於胸前，右前臂在上，兩拳心向下（圖 1-7-15）。接著，重心前移，右腳經左踝裏側前上一步，隨即左腳跟進成左提步；同時借上身右擰，兩前臂略屈肘，經臉前上弧線向前後蓋拳，兩拳高與肩平，拳心向上；目視右拳。（圖 1-7-16）

圖 1-7-13

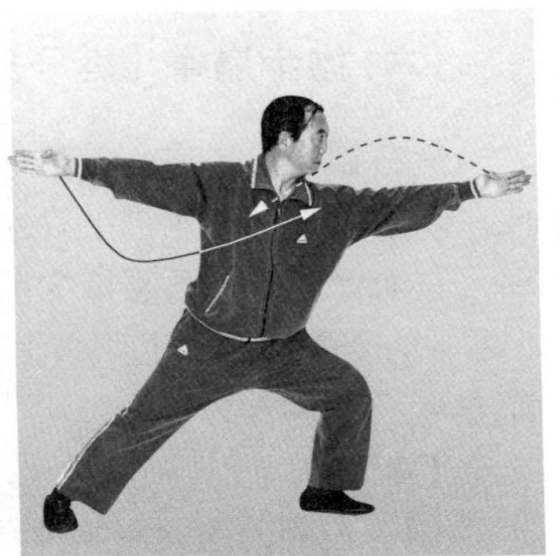
圖 1-7-14

圖 1-7-15

圖 1-7-16

【要領】

（1）雙蓋拳與右擰腰、左提步上下叫齊。

（2）雙蓋拳時，左拳與右腳同方向向前，兩臂與前進方向夾角 150°。

(六)拗步崩拳(燕子啄泥)

借右腳後蹬，重心前移，左腳前趟一大步，右腳跟進成左崩拳步；同時，借上身左擰，右拳先外擰前臂，經心口、左前臂上側，再裏擰向前崩拳，虎口向上，拳高與心口平；左拳隨之外擰回拉至臍左側，拳心向上；目視右拳前方。（圖 1–7–17）

【要領】

（1）左腳前趟與左擰腰發出右崩拳要上下協調，上步要遠，勁要剛實。

（2）燕子抄水、擊水、啄泥三動作要求一氣呵成演練，既表現抄水的輕快，又要表現擊水的脆快、啄泥的剛實。

(七)進步右劈拳

1. 右拳外擰抬與眉高；左腳前趟一步，右腳跟進成右提步；同時，左拳經心口、右前臂上側向前弧線鑽拳，拳心向上，拳高與眉平；隨之右肘回拉收右拳於臍右側；目視左拳。（圖 1–7–18）

2. 動作不停。左腳後蹬，重心前移，右腳向前趟進一大步，左腳隨後跟進成右三體式；同時，右拳借腰左擰，經

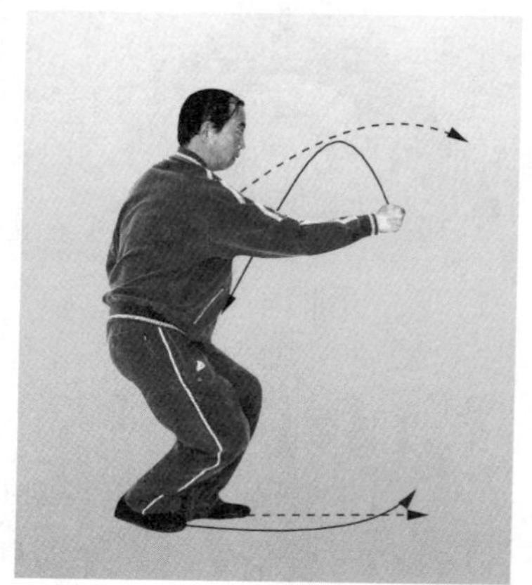

圖 1–7–17

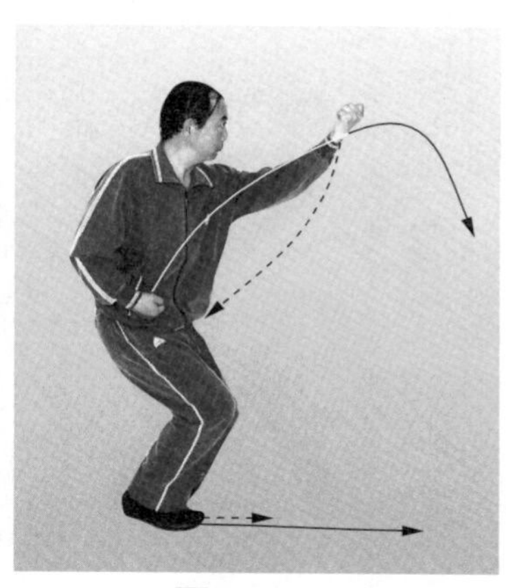

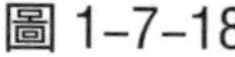
圖 1-7-18

圖 1-7-19

心口、左前臂上向前下弧線劈拳，虎口向上，拳高與胸平；左拳隨之回拉至臍之左側，拳心向上；目視前方。（圖 1-7-19）

【要領】

右劈拳借助左腳後蹬、右腳前趟及左擰腰之力，「劈拳肘打」力達右前臂及拳下側。

(八)半馬步右肘打(上步抖翎)

1. 兩腳不動；借腰右擰，右前臂外擰回拉，使右肘貼肋，右拳含於胸前，虎口向前；同時左前臂外擰，貼右前臂下鑽出，拳心向上；目視前下方。（圖 1-7-20）

2. 動作不停。左腳後蹬，重心前移，上步橫襠擠進右腳，左腳隨後跟進半步成半馬步；同時，右前臂邊裏擰邊向前撐肘，力達垂直的右前臂外側；同時，左前臂邊屈肘裏擰、邊向頭左上方外撐，虎口朝前下方。（圖 1-7-21）

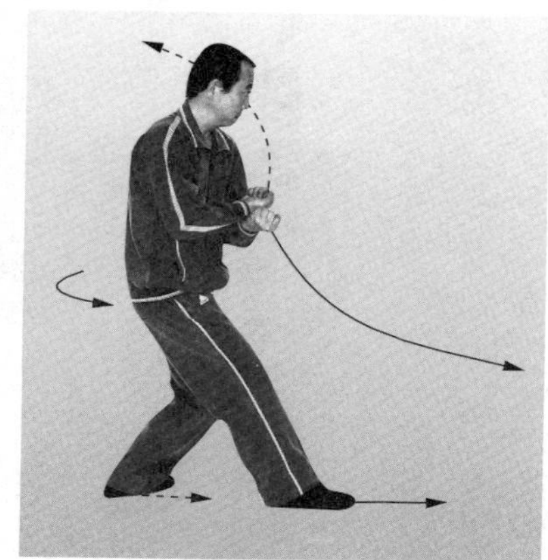

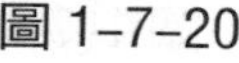
圖 1-7-20

圖 1-7-21

【要領】

（1）圖 1-7-20 是一束身動作，要求身、臂勁力內含，束為一體。

（2）半馬步是三體式步的前腳略裏扣，重心在前四後六時的步型。

(九) 轉身順式穿拳（鷹鷂回頭）

1. 重心前移成左弓步；右拳借左擰腰之勁，貼肋向前（抖翎後的左腳尖前上方）外旋前臂穿拳，拳心向上，高與胸平；同時，左拳屈肘外擰前穿，使左前臂在上，兩前臂交叉於胸前；目視雙拳。（圖 1-7-22）

2. 動作不停。重心後移右腿成半馬步；同時，右前臂借右擰腰之勁，經臉前回拉裏擰上撐，使右拳撐至頭右側眉上，虎口朝前下方，與臉相對；左前臂隨之邊裏擰邊向左肋裏扣，使左拳面抵於左肋上；目視右拳。（圖 1-7-

圖 1-7-22

圖 1-7-23

23）

3. 動作不停。兩腿不動，上身左轉；右拳邊外擰邊從後下夾前臂，經右肋搓夾於臍之右側，拳心向上；同時，左拳沿左肋、胯，邊外擰邊下弧線向前沖拳，虎口向上；上身隨左擰腰發勁，略下蹲前傾；目視左拳前方。（圖 1-7-24）

圖 1-7-24

【要領】

（1）拳經曰：「望眉斬夾反肩臂，鷹鷂回頭。」為形意拳較典型的回頭動作。

（2）左擰身、裹左拳、穿右拳肘要束身、含勁。向右擰腰、上撐右拳謂之「望眉」，必須與再左回頭時的右拳貼右肋搓夾臍之右側「斬夾」動作連貫，一氣呵成。

至此可反覆練習，待練到起勢一側，且起勢同方向的圖 1–7–25 時，方可收勢。

(十)收　勢

燕形的收勢動作及要領與馬形收勢相同，故文字及圖 1–7–26 至圖 1–7–30 省略。

圖 1–7–25

第八節　鷂　形

鷂為猛禽，體較小但靈敏，有「束身之捷，入林之巧」。它的「形」與「意」已為練形意拳者融入常用技法之中，拳經曰：「束身而起。」起是去也，束身而起既是蓄力待發，又是亦顧亦打。特別是「鷹鷂回頭」這一動作，是掌握「望眉斬夾反肩臂」之捷徑所在，從中既練鷹鷂回頭之神，又能煥發周身抖擻之勁，已成為形意拳愛好者練神發勁的經典動作，希望各位從鷂形式簡且變化少中深入體驗，以求習而能精。

一、形意拳鷂形的動作名稱

（一）起勢（鷂子入林）　（二）進順步左炮拳
（三）進順步右炮拳　（四）進順步左炮拳
（五）進步右劈拳

（六）半馬步右肘打（上步抖翎）

（七）順步穿拳（鷹鷂回頭）

（八）收勢

二、形意拳鷂形的動作說明

鷂形路線呈直線運動，回頭時只有左轉身鷹鷂回頭。

鷂形前兩個動作（一）起勢、（二）進順步左炮拳與燕形前兩個動作及要領相同，故文字及圖 1–8–1 至圖 1–8–7 省略，動作圖片從圖 1–8–8 開始。

（三）進順步右炮拳

1. 兩腳不動，重心前移成左弓步；同時，左拳裏擰前伸，拳心向下，拳高與肩平；右拳隨之上弧線下落前伸，使左右拳虎口相對（圖 1–8–9）。接著左腳墊上一步，右腳跟進成右提步；同時，左右兩拳邊外旋邊回拉至臍之左

圖 1–8–8

圖 1–8–9

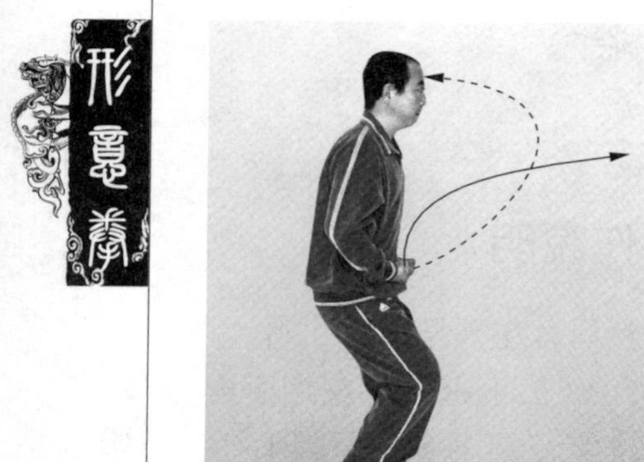

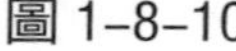
圖 1–8–10

圖 1–8–11

右，拳心向上；目視前方。（圖 1–8–10）

2. 動作不停。借左腳後蹬，重心前移，右腳向前趟進一大步，左腳隨後跟進半步成右三體式；同時，借腰左擰，左前臂邊裏旋邊向左上方翻轉撥掛左拳，使左拳虎口貼於左額上；右拳亦同時邊裏旋前臂邊向前沖拳，虎口向上，拳高與胸平；目視右拳前方。（圖 1–8–11）

【要領】

（1）趟上步要遠、快，提步要併膝，穩實。

（2）左拳撥掛與右崩拳及上步要叫齊、勁整。

(四)進順步左炮拳

1. 兩腳不動，重心前移成右弓步；同時，右拳裏擰前伸，拳心向下，拳高與肩平；左拳隨之上弧線下落前伸，使左右拳虎口相對（圖 1–8–12）。接著右腳墊上一步，左腳跟進成左提步；同時左右兩拳邊外旋邊回拉至臍之左

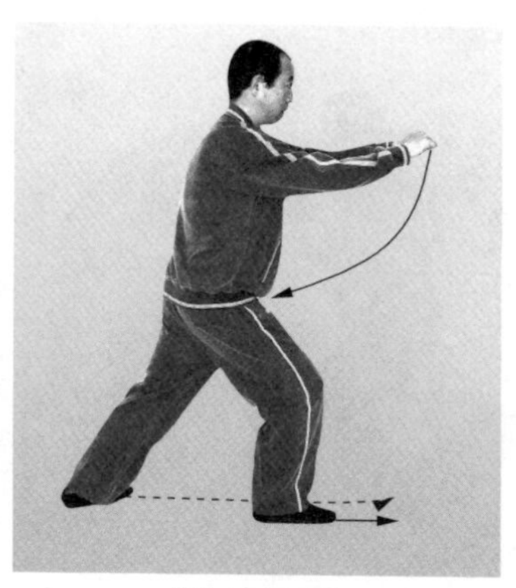

圖 1-8-12

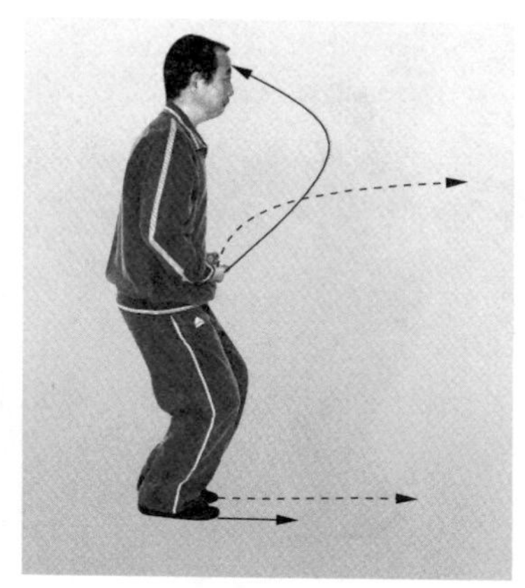

圖 1-8-13

右，拳心向上；目視前方。（圖 1-8-13）

2. 動作不停。借右腳後蹬，重心前移，左腳向前趟進一大步，右腳隨後跟進半步成左三體式；同時，借腰右擰，右前臂邊裏旋邊向右上方翻轉撥掛右拳，使右拳虎口貼於右額上；左拳亦同時邊裏旋前臂邊向前沖拳，虎口向上，拳高與胸平；目視左拳前方。（圖 1-8-14）

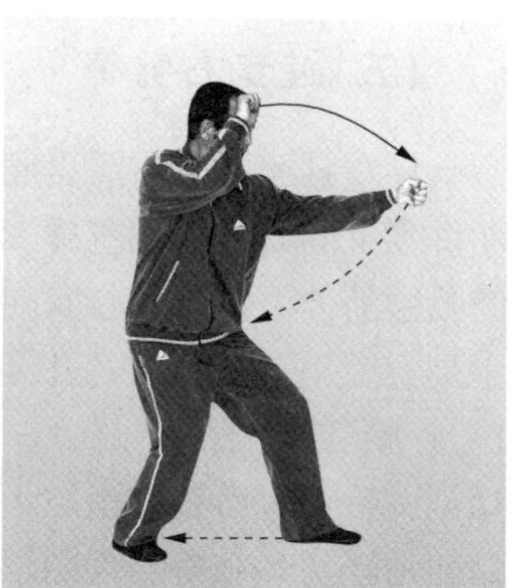

圖 1-8-14

視場地及體力，往前重複練進順步右炮、進順步左炮，若想回頭，需進順步左炮後，加一進步右劈拳。

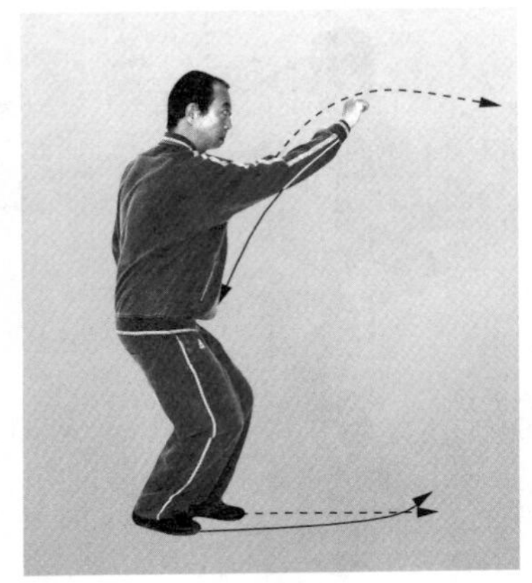
圖 1-8-15

圖 1-8-16

(五)進步右劈拳

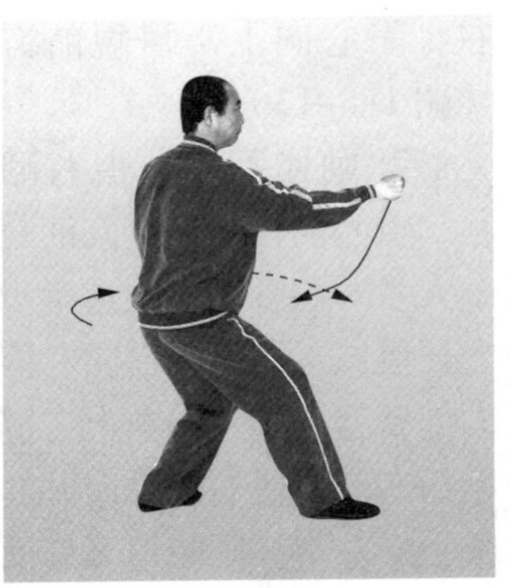
圖 1-8-17

1. 左腳回撤至右踝裏側成左併步；同時，借腰左擰，右拳弧線前伸下壓，拳心向前，拳高與眉平；左拳隨之外擰回拉至臍之左側（圖 1-8-15）。接著，借右腳後蹬，左腳前趟一步，右腳隨後跟進成右提步；同時，左拳借腰右擰，經心口、右前臂上向前上弧線鑽拳，拳心向上，拳高與眉平。（圖 1-8-16）

2. 動作不停。左腳後蹬，重心前移，右腳向前趟進一大步，左腳隨後跟進成右三體式；同時，右拳借腰左擰，經心口、左前臂上向前下弧線劈拳，虎口向上，拳高與胸

平；左拳隨之回拉至臍之左側，拳心向上；目視前方。（圖 1-8-17）

【要領】

借助前趟、抖腰之力，「劈拳肘打」，力達右前臂及拳下側。

此後動作（六）橫襠步右肘打、動作（七）順步穿拳、動作（八）收勢與燕形後三個動作及要領相同，故文字及圖 1-8-18 至圖 1-8-29 省略。

第九節　蛇　形

拳經曰：「蛇有撥草之能，纏繞之巧。」通體曲伸柔韌，周身節節貫串。用之於拳，活動在腰，勁發於胯，故在傳統技擊上有「蛇形胯打」之說。

可惜個中竅要人多不知，竟誤認為「肩打」，實大謬也，在學練蛇形時，雖是翻轉變換前進，但必須柔中寓剛，動作柔韌、靈活，開合束展鮮明，周身節節貫通，在曲折中力求用勁完整，方得竅要。如能得勁得意，則沾身發勁之妙自可得矣。

一、形意拳蛇形的動作名稱

（一）起勢（原地左鷹捉）　（二）右提步雙搓掌
（三）進順步左蛇形　（四）進順步右蛇形
（五）進順步左蛇形　（六）回頭右蛇形
（七）收勢

二、形意拳蛇形的動作說明

形意拳蛇形路線呈鋸齒形運動，也可走直線運動，可左右轉身回頭。本節按鋸齒形路線，右轉身回頭講解。尚派形意拳蛇形手與眾不同，以利於力達梢節，勁貫虎口。

蛇形的動作一起勢（原地左鷹捉）、動作二右提步雙搓掌與形意拳虎形的動作及要領相同，故從略，動作圖片從圖 1–9–10 開始。

(三)進順步左蛇形

1. 動作不停。兩腳不動；兩掌外旋變蛇形手，借上身右轉，右蛇形手上弧線擺臂至身後（右臂與前進方向成 135°夾角），兩臂同肩高，兩掌心向右；目視右手前方（圖 1–9–11）。接著左腳後蹬，重心前移，右腳前趟一大步，左腳隨之跟進成左提步；同時，左蛇形手上弧線裏

圖 1–9–10

圖 1–9–11

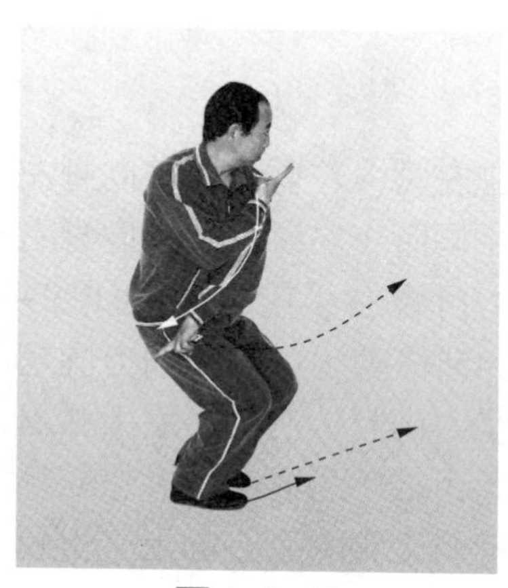

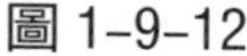

圖 1–9–12

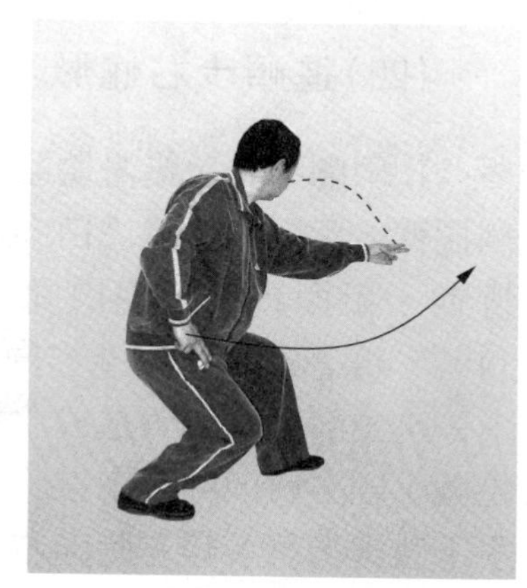

圖 1–9–13

捲，經左肩前貼身向右胯斜下插，手心向下；右蛇形手下弧線捲腕，經右胯向左肩前斜上穿，手心向上；目視左肩前方。（圖 1–9–12）

2. 動作不停。借右腳後蹬，左腳向前進方向左 45°趟進一大步，右腳隨之跟進半步成左三體式；同時，左蛇形手經左腿裏側，下弧線邊外旋邊向前上方挑打，手高與胯平，虎口斜向前；右蛇形手亦同時下弧線，邊裏旋邊貼身回拉至右胯旁，手背向外，上身略前傾；目視左手前下方。（圖 1–9–13）

【要領】

（1）圖 1–9–12 兩手穿插與右上步、左提步要左右協調，上下叫整，為形意拳典型的束身動作。

（2）圖 1–9–13 左臂挑打與左腳上步要上下叫齊，表現為左挑打，實質為左胯打；此勢重心應前四後六，上身略前傾。

(四)進順步右蛇形

1. 兩腳不動，借身體略直立左轉，左臂上弧線向身左側擺臂，手與肩平，虎口向上；同時，右臂下弧線向身右擺臂，手與肩平，虎口向上；目視右手前方（圖 1-9-14）。接著重心向前進方向右 45°移動，左腳向同方向趟上一步，隨之右腳跟進成右提步；同時，右蛇形手上弧線捲腕，經右肩前貼身向左胯前斜下插，手心向下；左蛇形手下弧線捲腕，經左胯向右肩前斜上穿，手心向上；目視右肩前方。（圖 1-9-15）

2. 動作不停。借左腳後蹬，右腳向前進方向右 45°趟進一大步，左腳跟進半步成右三體式；同時，右蛇形手經右腿裏側，下弧線邊外旋邊向前上方挑打，手高與胯平，虎口斜向前方；左蛇形手亦同時下弧線邊裏旋，邊貼身回拉至左胯旁，手背向外，上身略前傾；目視右手前下方。

圖 1-9-14

圖 1-9-15

（圖 1-9-16）

【要領】

與前左蛇形要領相同，唯左右動作相反。

圖 19-16

(五)進順步左蛇形

1. 兩腳不動；借身體略直立右轉，右臂上弧線向身右側擺臂至肩平，虎口向上；同時，左臂下弧線向身左側擺臂至肩平，虎口向上；目視右手前方（圖 1-9-17）。接著，重心向前進方向左 45°移動，右腳向同方向趟上一步，隨即左腳跟進成左提步；同時，左蛇形手上弧線捲腕，經左肩前貼身向右胯前斜下插，手心向下；右蛇形手下弧線捲腕，經右胯向左肩前斜上穿，手心向上；目視左肩前方。（圖 1-9-18）

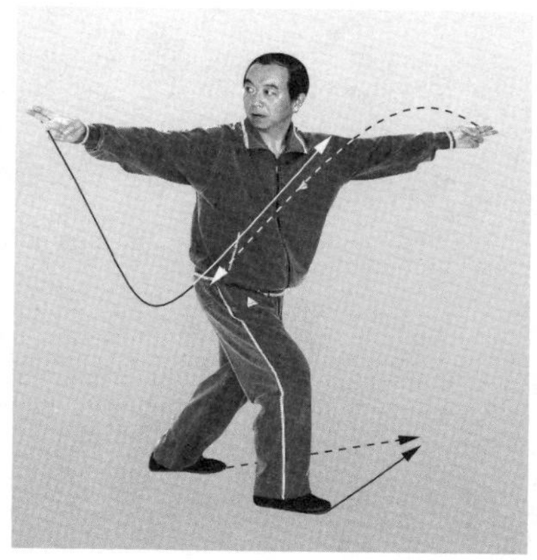

圖 1-9-17

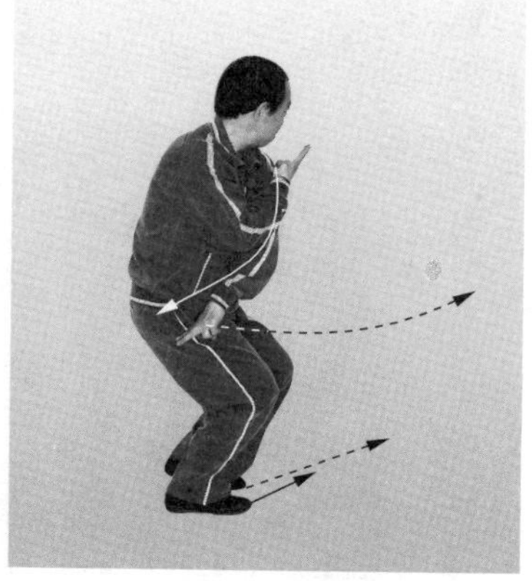

圖 1-9-18

2. 動作不停。借右腳後蹬，重心前移，左腳向前進方向左45°趟進一大步，右腳跟進半步成左三體式；同時，左蛇形手經左腿裏側，邊下弧線外旋邊向前上方挑打，手高與胯平，虎口斜向前方；右蛇形手亦同時邊下弧線裏旋，邊貼身回拉至右胯旁，手背向外，上身略前傾；目視左手前下方。（圖 1–9–19）

（六）回頭右蛇形

1. 借上身右擰，兩腳跟為軸，右擺兩腳尖，使右腳尖向回頭後的前進方向，兩腿成高弓步；同時，右臂邊下弧線外旋，邊向回頭後前進方向撩臂，使兩臂成一直線，高與肩平，兩手心向左；目視右手前方。（圖 1–9–20）

2. 動作不停。借重心前移，左腳向回頭後前進方向上一大步，右腳跟進成右提步；同時，右蛇形手上弧線捲腕，經右肩前貼身向左胯前斜下插，手心向下；左蛇形手

圖 1–9–19

圖 1–9–20

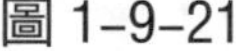
圖 1-9-21

圖 1-9-22

下弧線捲腕，經左胯向右肩前斜上穿，掌心向上；目視右肩前方。（圖 1-9-21）

3. 動作不停。借左腳後蹬，右腳向回頭後前進方向右 45°趟進一大步，左腳跟進半步成右三體式；同時，右蛇形手經右腿裏側，邊下弧線外旋邊向前上方挑打，手高與胯平，虎口斜向前方；左蛇形手亦同時下弧線邊裏旋，邊貼身回拉至左胯旁，手背向外，上身略前傾；目視右手前下方。（圖 1-9-22）

圖 1-9-23

至此反覆練習，待練到起勢一側，且方向相同的圖 1-9-23 蛇形左勢時方可收勢。

(七)收　勢

蛇形的收勢動作及要領與虎形收勢相同，故文字及圖片圖 1-9-24 至圖 1-9-28 省略。

第十節　鮐　形

經曰：「鮐有豎尾之能。」誤有駘（劣馬）、鴿之寫法。或說類似鴕鳥，而鴕鳥只善走並無豎尾之能，故不知是何物。鮐，又名兔鶻，是一種尾短的小鷹，人們叫它「禿尾巴鷹」。獵戶得之，幼時磨其爪（因原爪過於尖銳，以免捕捉時損傷野兔皮毛），餵養以捕野兔。野生的鮐多站高枝，頭常向下，尾向上倒立著（即豎尾），為俯窺狡兔、野鳥，以便疾下捕捉。因為一般不知，才出現多種猜測。

在拳的擊法上，因人是用雙臂在身前學其用尾，是借肋腹發勁，形成前擠上撐而發豎尾之勁，故它用的是「肋腹打」。因為形意拳的技法達到高超境地時哪沾哪打，而在它的 14 處打法中，唯有人的「肋腹」處不能發勁打人，故李洛能才予以增補之，使形意拳的技法更全面。

有人說練它「拳勢順，則氣由尾閭上提，肝舒氣固」，實為臆測。

練鮐形是在身前用兩臂上分下合，兩臂合成尾狀往前、往上發豎尾之勁。既是在身前，又是借腰用肋腹發勁，為什麼有人竟說它是「臀尾打或胯打」？這是因為肋腹既不是突出的關節，又不是有力的肌腱，人們不知道能用它發勁放人。從「鮐有豎尾之能」，必然是用臀尾打或胯打。

武術技法上出現疏漏或誤解的事很多！像拳經「手腳法」中云：「以上以下十四處打法，俱不脫丹田之氣。」在形意拳周身所用的打法中，向有「頭、肩、肘、手、胯、膝、足」七拳之說。頭為一個，其他都是兩個，共計13處，再加上臀尾，共計14處，也就是人們常說的14處打法。

拳經「手腳法」中寫明：「肋腹打去意沾陰，好似還弓一力精，丹田久煉靈根本，五行合一顯其能。」這裏既提出打法所用的部位，又提出技擊的特點和竅要，特別又經實踐驗證用之有效，應該把它列為形意拳的主要技擊法之一，可是在人們常說的14處打法中卻不包括它。常聞形意前輩們常用的借肋腹發勁的「掩手」（就是怕用鮐形握拳傷人，改用掌發勁的），可把對方打得離地摔出而不傷人，可見其功效是較顯著的。故多把肋腹打計入打法之內，則形意拳的打法應是「以上以下十五處打法」。

一、形意拳鮐形動作名稱

（一）起勢　（二）左提步分撥束身
（三）鮐形左勢　（四）右提步分撥束身
（五）鮐形右勢　（六）鮐形回身勢
（七）鮐形左勢　（八）收勢

二、形意拳鮐形動作說明

形意拳鮐形運動路線呈鋸齒形行進，可左右回頭，前半趟和後半趟動作相同，方向相反。

(一)起　勢

圖 1-10-9

駘形的起勢與龍形的起勢及要領相同，故從略，動作及圖片從圖 1-10-9 開始。

(二)左提步分撥束身

1. 左掌不動；右掌向前探出，與左掌平行，兩掌拇指尖相對；同時左腳向前趟進一大步，右腳跟進提起靠於左腳裏踝成右提步；目視手前方。（圖 1-10-10）

【要領】

右掌探出要借右腳後蹬、左腳前趟之勁同時完成，要上下相隨。探掌時，要沉肩、拔背；左腳趟進要遠，提步要穩，不要俯身或長身。

2. 右腳借提步蓄力，向前趟進一大步，左腳後蹬跟進提起，靠於右腳裏踝上，成左提步；同時，兩手握拳，分別用前臂向外翻轉、擰撥，向上高不過頭，向外寬能護肩，向下低不過臍，貼肋回拉，束手臍之兩側，拳心向上，兩拳對稱，相距約一拳之隔，成束身雙抱拳。（圖 1-10-11）

【要領】

（1）右腳借提步蓄力再進一步時，步要活，進要遠，踏要實。

（2）兩掌變拳向上、向外、向下擰撥時，要借趟進右

圖 1–10–10

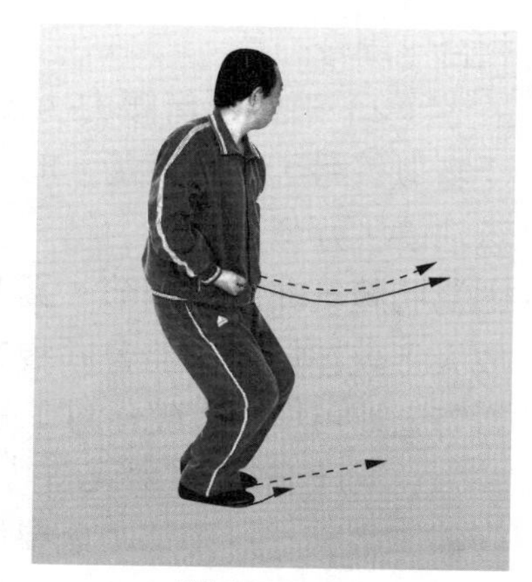
圖 1–10–11

腳和蹬左腳之力，以求上下完整一力，束身要緊。

(三)駘形左勢

圖 1–10–12

上動不停。左腳借提步蓄力，擰腰向左前方約 45°趟進一大步，同時，右腳後蹬跟進大半步，右膝抵於左膝裏側靠緊，重心在右腳；在向左前方擰腰趟進的同時，兩拳借腰力由肋腹發勁，催動兩臂向左前方向前向上撐打而出，拳心向上，兩拳間有一拳之隔，高與臍平；目視兩拳前方。（圖 1–10–12）

【要領】

（1）腿之後蹬與前趟，要和兩臂向前、向上發勁上下

相合，周身一氣。

（2）兩臂要借腰力，由肋腹發勁。這就是拳經所說「身似弩弓，拳如藥箭」的技法體現。經云：「肋腹打去意沾陰，好似還弓一力精。」肋腹發勁要沾著對方下體。因為肋腹既非肢體關節，又非肌腱有力之處，所以能發勁放人，就在於肋腹能會同腰力（或謂丹田勁），一旦接觸對方，即可用肋腹前彈的「還弓」之勁把對方放出。

（3）駘形的左勢或右勢，兩臂前撐較長，初學時應這樣練。經云「打要遠，氣要催」，只有在學練過程中先求開展，而後才可再求緊湊，使勁力先能放得開，才能勁長力大，再求發勁短，而得迅猛集中。但在駘形這一技法中，必須做到「身似弩弓」、肋腹發勁才行。如果只求長，只用臂力，則大謬矣。

（四）右提步分撥束身

借向右擰腰轉身之力，兩腳不動，身向右轉 45°（圖 1-10-13）。左腳向右前方趟進一大步，右腳後蹬跟進提起，靠於左腳裏踝上成右提步；同時，兩拳分別用前臂向外翻轉擰撥，向上高不過頭，向外寬能護肩，向下低不過臍，貼肋回拉束於臍之兩側，拳心向上，兩拳對稱，相距約一拳之隔；目視前方。（圖 1-10-

圖 1-10-13

圖 1-10-14

圖 1-10-15

14）

（五）鮐形右勢

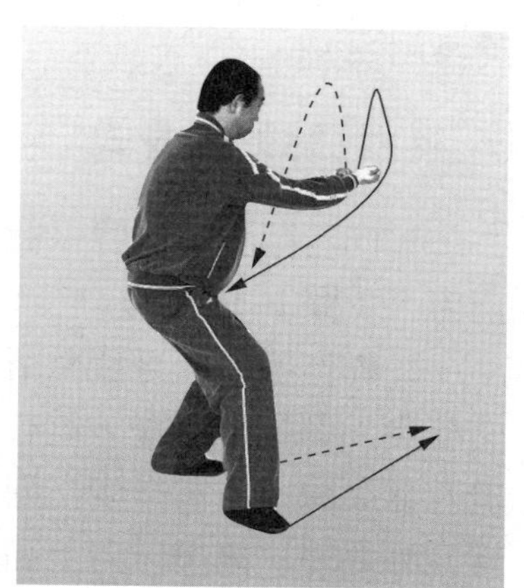
圖 1-10-16

右腳借提步蓄力，擰腰向右前方趟進一大步，同時，左腳後蹬跟進大半步，左膝抵於右膝裏側靠緊，重心在左腳；在向右前方擰腰趟進的同時，兩拳借腰力由肋腹發勁，催動兩臂向右、向前、向上撐打而出，拳心向上，兩拳間有一拳之隔，高與臍平，目視兩拳前方。（圖 1-10-15）

【要領】

技法和拳理悉與圖 1-10-12 同，唯左右方向相反。

再接練鮐形左勢（圖 1-10-16 至圖 1-10-18）。左勢

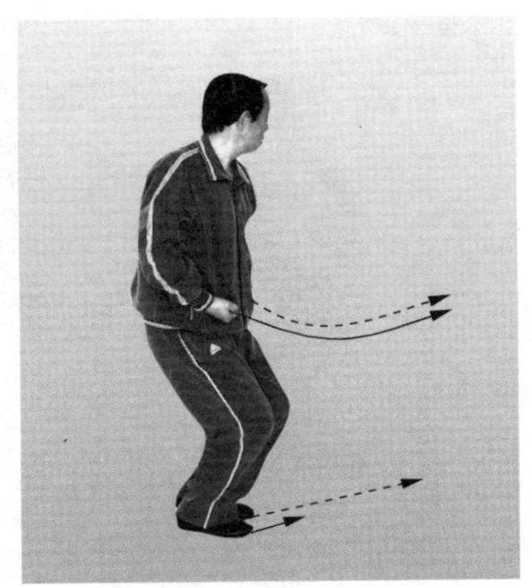
圖 1–10–17

圖 1–10–18

轉身回頭。

(六)鮐形回身式

1. 向右擰腰，兩臂平行，借擰腰向右平擺；目視兩拳前方。（圖 1–10–19）

2. 動作不停。身體繼續向右後轉，左腳隨轉體貼地向右腳尖外側扣步落實，重心移至左腳，右腳隨之提起，靠於左腳裏踝上成右提步；同時，雙拳先變俯拳，分別用前臂向外翻轉、擰撥，向上高不過頭，向外寬能護肩，向下低不過臍，貼肋回拉束於臍之左右兩側，拳心向上，兩拳對稱，相距約一拳之隔；目視前方。（圖 1–10–20）

【要領】

（1）借右後擰腰轉體，擺雙臂之力，向右腳尖外側扣步，以腰為軸，步隨身轉，動作要輕鬆、自然、和諧、穩準。

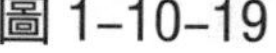
圖 1-10-19

圖 1-10-20

（2）在動作中要做到轉身臂起，腳落臂收，上下相隨，周身完整一氣。

（3）向右後擰腰轉體打出的右勢和未回身前所打的左勢，兩者成 90°夾角。

（七）鮐形右勢

動作不停。右腳借提步蓄力，擰腰向右前方約 45°趟進一大步，同時左腳後蹬，隨即跟進大半步，左膝抵於右膝裏側靠緊，重心在左腳；同時，兩拳借腰力，由肋腹發勁，催動兩臂向右前方，向前，向上撐打而出，拳心向上，兩拳約有一拳之隔，高與臍平；目視兩拳前方。（圖 1-10-21）

如此左右交替練至起端回身，回身勢如前，必須練至左勢（圖 1-10-22）方可收勢。

圖 1–10–21

圖 1–10–22

(八)收　勢

1. 練至圖 1–10–22 後，左腳前墊一步成左三體式；同時，左拳裏旋前伸，右拳外旋回拉至右腹前；目視左拳前方。（圖 1–10–23）

2. 形意駘形的收勢與虎形收勢相同。故文字和圖片從略。

圖 1–10–23

第十一節　鷹熊合演

鷹為猛禽，常盤旋高空，俯視獸禽，瞥目一瞬，禽獸難逃。因飛速、爪銳、力猛，鋒不可抗，故練形意拳的學其捉拿之精，瞥目之銳。熊是猛獸，雖性遲鈍，但力大稱雄。常做人立，項豎肩垂，兩膀一晃，樹木折斷，故人們學練它的豎項之力，甩膀之能，訓練長久提神增力。

鷹熊二形因其特能單一，故沒有單練套路。昔有鷹熊半智取法為拳，曰「起為熊，落為鷹」，形意拳才有拗步鷹熊合演的練法，使其俯仰陰陽相合，又使起落鑽翻相應，尤利於一氣之開合與收放，故傳統多練鷹熊合演，亦一拳兩得也。

一、形意拳鷹熊合演的動作名稱

（一）起勢（原地左鷹捉）
（二）拗步右熊勢
（三）拗步左鷹勢
（四）拗步左熊勢
（五）拗步右鷹勢
（六）回頭鑽拳蹬腳（狸貓倒上樹）
（七）收勢

二、形意拳鷹熊合演的動作說明

鷹熊合演的運動路線呈直線，也可走鋸齒路線，可左右轉身回頭。本節是按直線演練，右轉身回頭講解。

(一) 起勢（原地左鷹捉）

鷹熊合演的起勢與龍形的起勢及要領相同，故從略，動作圖片從圖 1-11-9 開始。

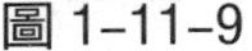
圖 1–11–9

圖 1–11–10

（二）拗步右熊勢

借重心前移，右腳後蹬，左腳前趟一步，右腳隨即跟進成左腳在前的小三體式步（兩腳跟相距一腳距離）；同時，左掌抬至眉高；右掌邊外旋變拳，邊沿腹胸向前上弧線鑽拳，拳心向上，拳高與眉平；左掌同時邊外旋變拳，邊回拉臍之左側，拳心向上；目視右拳前方。（圖 1–11–10）

【要領】

（1）右鑽拳要借左拳回拉及腰略左轉勁力，力達整個右前臂。

（2）借助右腳後蹬，右拳、左腳要做到手腳齊到。

（3）此動作勢略高，意注豎項，沉肩，右前臂前撐。

（三）拗步左鷹勢

重心前移，右腳經左踝裏側向前趟進一大步，左腳隨

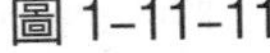
圖 1-11-11

圖 1-11-12

之跟進成小右三體式；同時，左拳經腹胸、右前臂上側鑽至與右拳相遇時，兩拳同時裏旋變掌，左掌向前下方劈掌，掌心向下，掌高與腹平；右拳變掌回拉至右胯旁，掌心向下，指尖向前；目視左掌前方。（圖 1-11-11）

【要領】

（1）拗步左鷹勢上身動作要求與鷹捉相同，要與拗步上下協調，勁力完整。

（2）此動作勢略低，上身略前傾。注意後腳腳跟不得離地。

(四) 拗步左熊勢

借重心前移，左腳後蹬，右腳前趟一步，左腳隨即跟進成右腳在前的小三體式步；同時，左掌邊變拳回拉邊經腹、胸向前上弧線鑽拳，拳心向上，拳高與眉平；右掌在右胯旁外變拳，拳心向上；目視左拳前方。（圖 1-11-12）

(五)拗步右鷹勢

重心前移，左腳經右踝裏側向前趟進一大步，右腳隨之跟進成小左三體式步；同時，右拳經腹、胸、左前臂上側鑽至與左拳相遇時，兩拳同時裏旋變掌，右掌向前下方劈掌，掌心向下，掌高與腹平；左拳變掌回拉至左胯旁，掌心向下，指尖向前；目視右掌前方。（圖 1-11-13）

(六)回頭鑽拳蹬腳(狸貓倒上樹)

1. 借右擰腰之勁，左腳以腳跟為軸，腳尖裏扣，與右腳成內八字腳；同時，右掌邊外旋變拳，邊以肘帶手回拉右拳至臍之右側；目視左肩前方。（圖 1-11-14）

2. 動作不停。借腰右轉，重心至左腳，左腿微屈，右腿貼左腿裏側提膝，接著外擺右腳尖向前截踢，腳高與胯平，力達腳跟；同時，右拳貼腹胸，向前上弧線鑽拳，拳

圖 1-11-13

圖 1-11-14

高與眉平，拳心向上；左拳隨之貼腹胸鑽至右肘窩上側，拳心向上；目視右拳前方。（圖 1-11-15）

3. 動作不停。借左腳後蹬，重心前移，右腳外擺，腳尖向前下方踩落，左腳隨之跟進半步（前腳跟與後腳尖間距一腳距離），腳尖向前，重心落至左腳；同時，左拳貼右前臂上側前鑽，當兩拳相遇時同時變掌，左掌裏旋，向前下方劈掌，掌心向下，高與心口平；右掌亦同時貼左臂下側裏旋回拉，收落於臍之右側；目視左掌前方。（圖 1-11-16）

【要領】

（1）扣左腳、拉右拳要借腰右轉，做到上下協調。

（2）右腳的截踢和踩落是兩個勁，但同時應合二為一，並與左掌的鑽翻、右掌的回收叫齊。

至此接拗步右熊勢、拗步左鷹勢，待練到回頭鑽拳蹬腳後的圖 1-11-17 方可收勢。

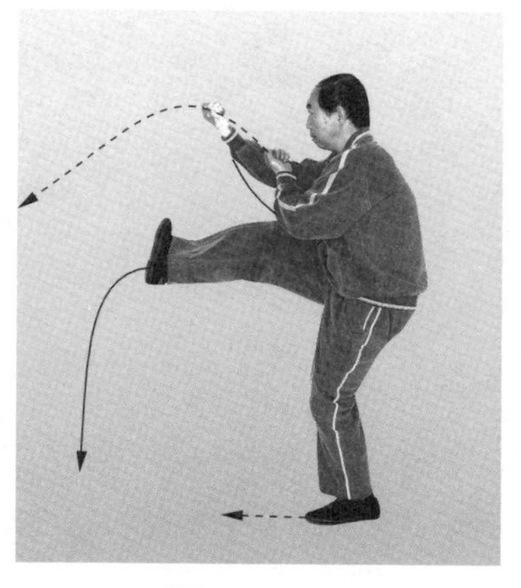

圖 1-11-15

圖 1-11-16

圖 1-11-17

七、收　勢

鷹熊合演的收勢動作及要領與龍形收勢相同，故文字及圖 1-11-18 至圖 1-11-27 省略。

第二章　形意傳統器械

第一節　形意五行刀

形意五行刀是在精練形意單趟劈刀、鑽刀、崩刀、炮刀、橫刀後，才學練的一趟傳統器械套路（形意劈、鑽、崩、炮、橫刀的單趟套路已在《尚派形意拳械抉微》第二輯中講解），目的在於將已練精純的五種勁力在一個套路中完整展現。該套路雖動作數量和內容變化較少，但確是習練掌握形意器械基礎的關鍵所在，從中展現形意刀的拳械一體、迅猛剛實的特點。

一、形意五行刀的動作名稱

（一）起勢　　（二）格刀推掌
（三）右提步接刀　　（四）退步獨立反刺刀
（五）後插步劈刀　　（六）轉身順步劈刀
（七）併步絞壓刀　　（八）拗步鑽刀
（九）轉身順步捋刀　　（十）進拗步崩刀
（十一）進順步炮刀　　（十二）進步搖轉橫刀
（十三）轉身獨立反刺刀　　（十四）收勢

二、形意五行刀的動作說明

形意五行刀的前半趟內含進退、起伏、搖轉等步法、

身法訓練，再與五種刀法勁力結合一起，相得益彰。後半趟動作相同，只是方向相反。

(一)起　勢

身體成立正姿勢，目視前方；左手以拇指和虎口扣住刀盤，食指和中指夾住刀柄，無名指和小指扣住刀盤，使刀背貼在左臂前，刀尖朝上，刀刃朝前；右掌五指併攏，自然下垂於右胯旁。（圖 2–1–1）

(二)格刀推掌

1.右掌經身右側上擺掌，經身前擺至左腋前；眼隨右掌擺動後，注視左肩前方。（圖 2–1–2）

2.雙腿微屈，重心前移，右腳向前邁一步成右弓步（過渡性步型）；左手扣刀盤，使刀柄向左、向前、向裏

圖 2–1–1

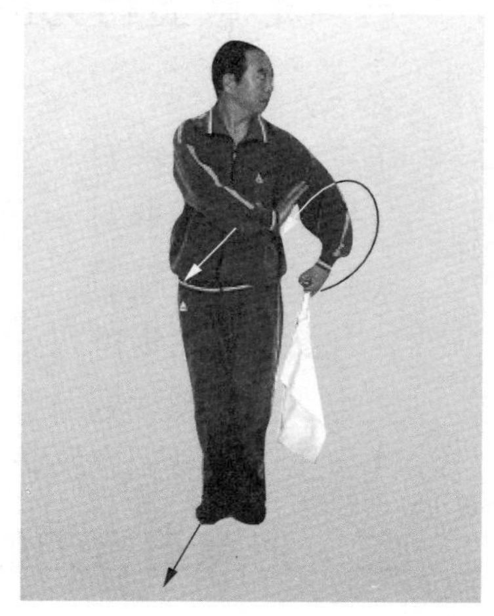

圖 2–1–2

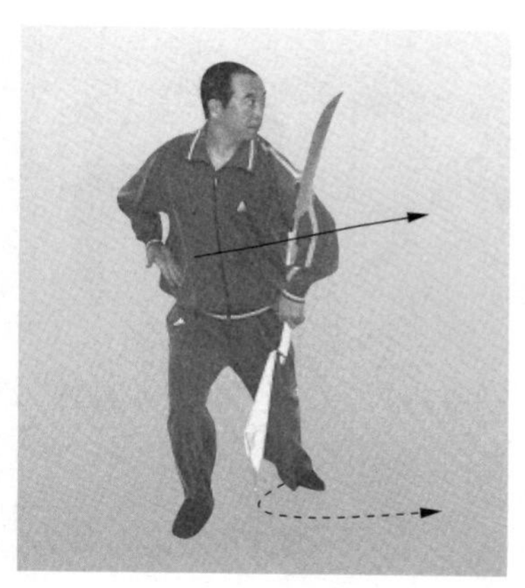

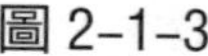

圖 2-1-3

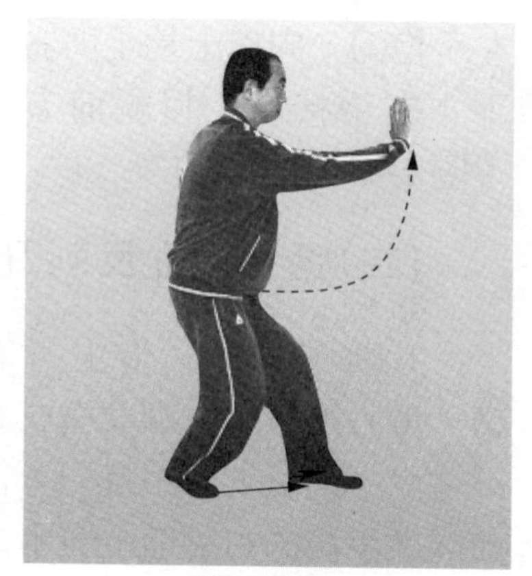

圖 2-1-4

翻轉，使刀刃向後，繼而下落至左胯旁，刀刃向前，刀尖朝上，刀身直立；右掌回拉至右胯旁，掌心向前；目視左肩前。（圖 2-1-3）

3.動作不停。重心落右腳，左腳經右腳裏側向左肩前方（前進方向）邁一步，成左三體式；同時，右手邊變立掌邊向前推出，右掌心向左，前臂高與肩平；目視右掌前方。（圖 2-1-4）

【要領】

（1）上述動作外示安逸，內固精神，不發剛勁。

（2）擺掌、上步格刀、推掌要以腰帶手腳，使之上下協調。

（3）格刀著力於刀柄，推掌著力於掌根。

（三）右提步接刀

重心前移，右腳跟進提靠左踝裏側成右提步；同時，

左手抱刀，向前上抬至與右臂平；右手接刀；目視前方。（圖 2–1–5）

圖 2–1–5

(四)退步獨立反刺刀

1.動作不停。借上身右轉，重心後移，右腳後撤成右高弓步；同時，右手持刀，從前向撤步後的右腳前上方平掃刀，刀刃向右，高與肩平；左臂伸直展開，高與肩平，掌心向右；眼隨刀走。（圖 2–1–6）

2.動作不停。重心落右腿，左腳尖勾起正提膝獨立；右手上扣腕，使刀尖向上回捲向左，右臂上抬至頭右側上

圖 2–1–6

方，使刀在頭上向左前方反刺刀，刀刃向上；左掌亦同時屈臂身前平擺至右肩前，掌心向右；目視刀尖前方。（圖2-1-7）

【要領】

撤步提膝獨立要穩，左擺掌要輔助右手反刺刀。

(五)後插步劈刀

1.重心前移，左腳外擺腳尖前落一步，右腳跟隨之抬起；右手刀纏頭，使刀背貼後背，刀柄在頭頂上；左臂隨上身左轉，向左胯外側擺臂，左掌心向下；目視左腳尖前上方。（圖2-1-8）

2.動作不停。右腳向前裏扣腳尖橫上一步，左腳隨即經右腳跟後插步，左腳跟抬起，重心落於右腳；右手刀向左腳跟前上方劈刀，刀刃斜向下，高與肩平；左掌亦同時

圖 2-1-7

圖 2-1-8

在身左側上擺至頭左上方，指尖向右，掌心向上；目視刀前方。（圖 2-1-9）

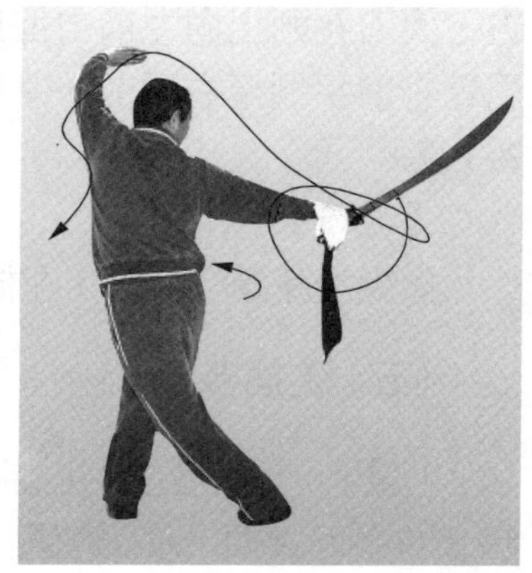

圖 2-1-9

【要領】

借上身左轉，左擺右扣腳；右手劈刀借纏頭慣性，並與左後插步叫齊，使劈刀沉實，並且上下協調。

(六)轉身順步劈刀

1. 隨即上身左轉，同時，右手刀裏下掛一周後纏頭到背後；左掌指尖向下貼身下穿掌至左胯外，掌心向左；目視左掌前上方。（圖 2-1-10）

2. 動作不停。以右腳腳跟、左腳掌為軸，身體左轉 180°，右腳向前趟進一大步，左腳跟進半步成右三體式；同時，右手刀從後背經右肩上方向前斜劈出，刀刃向前，高與肩平；左掌上擺掌至頭上後，握刀柄下端以助右手劈刀；目視前方。（圖 2-1-11）

【要領】

後插步劈刀接轉身進步劈刀要借腰力，上下協調，雙手斜肩帶背劈刀，要迅猛剛實。

(七)併步絞壓刀

右腳後撤至左踝裏側成併步；同時，雙手持刀，順時針絞壓回拉至左腹前，刀刃向左，刀高與胸平；目視前方。（圖 2-1-12、圖 2-1-12 附圖）

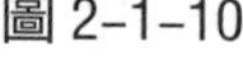

圖 2-1-10

圖 2-1-11

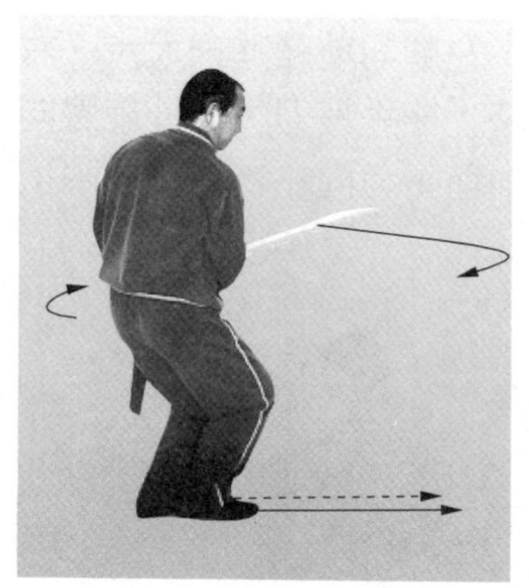

圖 2-1-12

圖 2-1-12 附圖

【要領】

雙手持刀在身前絞約一尺半圓後，力點在刀面下側下壓回拉，並與右腳回撤叫齊。

(八)拗步鑽刀

圖 2-1-13

1. 借左腿後蹬，重心前移，上身右轉，右腳前趟一大步，左腳跟進成左提步；同時，雙手持刀向前平刺後，繼而裏旋刀面，向右平掃回拉刀柄至右腹前，刀刃向右，刀尖向前，高與胸平；目視刀尖前方。（圖 2-1-13）

2. 動作不停。借右腳後蹬，左腳向前趟進一大步，右腳隨即跟進成左三體式步；同時，雙手持刀，邊外旋邊向前、向左推刀（鑽刀），刀尖向前，刃向左，高與肩平；目視刀前方。（圖 2-1-14）

圖 2-1-14

【要領】

（1）圖 2-1-13 是一防守動作，利用刀面粘住對方器械，由平掃回掛化解對方進攻。

（2）在粘住對方器械同時，由上步及雙手持刀內含的

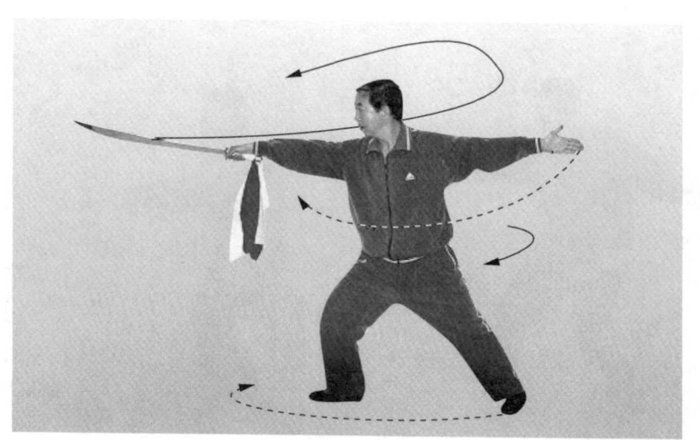

圖 2–1–15

推、搓、刺勁攻擊對方。

(九)轉身順步捋刀

圖 2–1–16

1. 借上身右轉，左腳裏扣，右腳後撤一步成右高弓步；同時，右手持刀，邊裏旋邊向右、向後平掃刀，使刀刃向右，高與肩平；左臂伸直，掌心向左；目視刀前方。（圖 2–1–15）

2. 動作不停。繼續右轉身，左腳向前裏扣腳尖上一步，成重心側重右腿的橫襠步；同時，右手刀裹腦至身後；左掌下弧線擺掌，再上穿至胸口，指尖向上，掌心向左；目視兩腳尖前方。（圖 2–1–16）

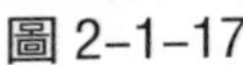

圖 2–1–17

圖 2–1–18

3. 動作不停。上身繼續右轉，右腳經左腳旁向後撤一步成左三體式；同時，右手刀由左肩經胸前，向前下、向後扣腕拉至身右側後方，刀尖向前，刀刃向下；左掌亦同時用手背捋刀背，裹擰成立掌向前推出，掌高與肩平，指尖向上；目視左掌前方。（圖 2–1–17）

【要領】

（1）借助轉身，擺扣步動作連貫，不得有起伏。

（2）裹腦捋刀要自然協調，不得聳肩、低頭。

(十) 進拗步崩刀

1. 借右腳後蹬，重心前移，左腳前墊半步，隨即右腳跟進成右提步；同時，右手刀向前刺出，左掌下落抓握刀柄後部以助力，刀尖向前，高與肩平，刀刃向下；目視刀前方。（圖 2–1–18）

2. 動作不停。借重心前移，右腳向前趟一大步，左腳

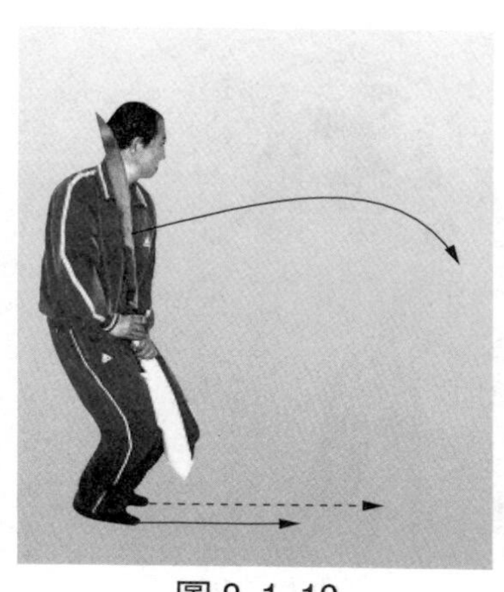

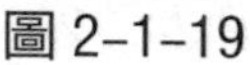
圖 2-1-19

圖 2-1-20

隨即跟進成左提步；同時，雙手握刀搓把（左推右拉），向上挑腕立刀回拉，使刀背回掛至右肩前，雙手回拉至腹前，刀尖向上，刀刃向前；目視前方。（圖 2-1-19）

3. 動作不停。借重心前移，左腳前趟一大步，右腳隨即跟進半步成左崩拳步；同時，雙手持刀搓把（右推左拉），向前推、搓、崩刀，刀刃向下，高與胸平；目視刀前方。（圖 2-1-20）

【要領】

前刺刀實中有虛。立刀回掛要步進刀回，拗步崩刀要借前趟後蹬腳力。崩出的刀要內含推搓刺的勁法。

(十一) 進順步炮刀

1. 借右腳後蹬，重心前移，左腳前趟一步，右腳跟進成右提步；同時，右手刀向外翻腕上掛至左肩前，刀刃向上；左臂亦同時屈肘下落，左掌按扶在右腕上；眼隨刀

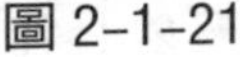

圖 2-1-21

圖 2-1-22

走。（圖 2-1-21）

2. 動作不停。借左腳後蹬，重心前移，右腳前趟一大步，左腳隨即跟進半步成右炮拳步；同時，借上身右擰，右手刀經身前下弧線反手立刃撩炮刀；左掌仍按右手脈門隨之運動，刀刃朝上，刀身高與肩平；目視刀前方。（圖 2-1-22）

【要領】

（1）上掛接進步炮刀要連貫迅猛，右腳落地與出刀要借右擰腰同時而到。

（2）刀身與右腿上下相對，力貫刀身前半部，內含推、搓、撩的勁力。

(十二) 進步搖轉橫刀

1. 借上身右轉，左腳裏扣腳尖前上一步，與右腳成內八字步；同時，右手刀扣腕裏腦刀，使刀背貼後背；左掌

圖 2-1-23

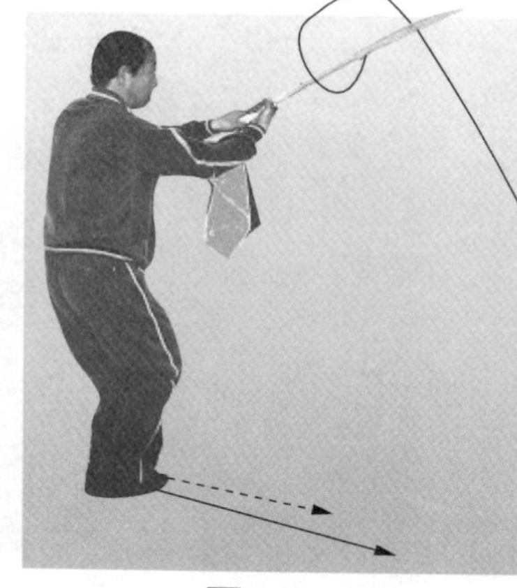
圖 2-1-24

在身左側下弧線擺掌後上穿至心口，指尖向上，左掌反擰，掌心向外；目視左肩前方。（圖 2-1-23）

2. 動作不停。借上身右轉，右腳回拉提靠左踝裏側成右提步，隨即左腳以前腳掌為軸，身體右轉 180°；同時，右手刀完成裹腦後半部路線後外旋刀身，使撩刃向前、向右格擊；左掌上穿頭上，抓握刀柄後端助力，此時刀尖高與頭平，刀刃向左；目視刀前方。（圖 2-1-24）

3. 動作不停。借助左腳後蹬，右腳向前趟一大步，左腳跟進半步成右橫拳步；同時，雙手持刀，逆時針絞刀一圈（刀尖絞出一尺半的圓）後，向右腳尖前上方斜下劈刀（此為形意橫刀），刀刃斜向右下，雙手高與胸平；目視刀前方。（2-1-25）

【要領】

要求在身體轉折、腳變向時，身械協調，並借助上步發出橫刀威力。

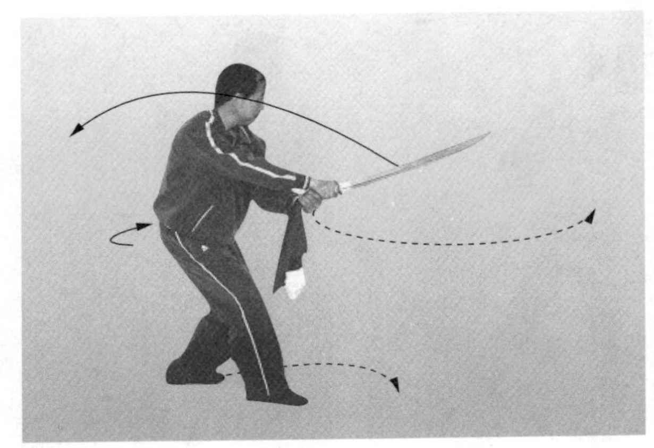

圖 2-1-25

(十三)轉身獨立反刺刀

1. 借上身右轉，左腳裏扣腳尖向前上一步；同時，右手翹腕持刀，經身前上弧線向身右側掄劈，刀刃向右，刀尖向上；左手變掌，略屈肘向後推掌，掌指向上與肩平，掌心向左；目視刀前方。（圖 2-1-26）

圖 2-1-26

2. 動作不停。借重心左移，上身右轉，右腳經左腳後向後撤一大步，左腿隨之勾腳尖前提膝獨立；同時，右手刀外下掛一周後，向下、向回拉

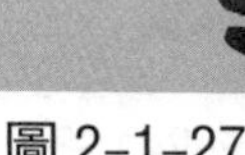
圖 2-1-27

圖 2-1-28

刀至身體右後側時，上抬刀經右耳側向前反刺，刀尖向前，刀刃向上高過頭；左掌在右手刀向下回拉刀時向前捋刀，右刀反刺時，左掌上弧線回拉按扶在右肘窩；目視刀前方。（圖 2-1-27）

【要領】

（1）轉身撤步，提膝要與下掛刀回拉、反刺刀協調一致，勁力順達。

（2）提膝反刺要求膝要高過胯，反刺刀力達刀尖。注意不要低頭彎腰，支撐腿不要過於彎曲。

至此形意五行刀的前半趟及轉身回頭講解完，後半趟演練與前半趟動作相同，只是行進方向相反。待練到起勢位置的轉身獨立反刺刀後（圖 2-1-28），接後插步劈刀（圖 2-1-29、圖 2-1-30），轉身順步劈刀（圖 2-1-31、圖 2-1-32），方可做收勢動作。

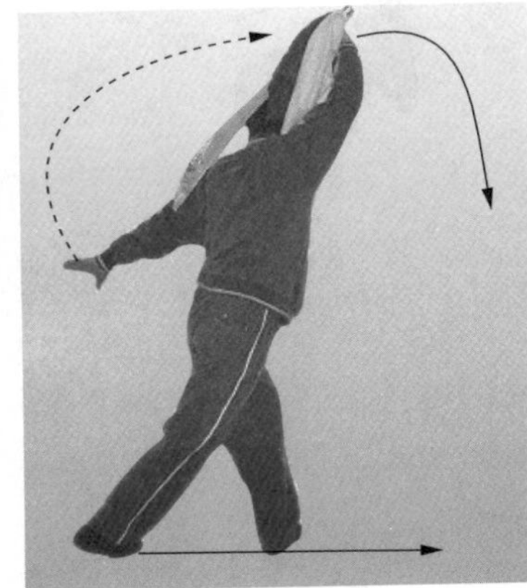

圖 2-1-29

圖 2-1-30

圖 2-1-31

圖 2-1-32

(十四)收　勢

1. 左腳後撤一步成右弓步；左掌扶在右前臂中節，右手刀裏下掛一周（圖 2-1-33）。接著右腳後撤一大步成左

圖 2-1-33

三體式；右手刀外下掛一周（圖 2-1-34）。再接上身右轉，左腳尖裏扣；左掌裏旋上推掌，掌心向上；右手刀回拉至左腋下，刀刃向左，刀尖向後；目視兩腳前方。（圖 2-1-35）

圖 2-1-34

圖 2-1-35

圖 2-1-36

2. 動作不停。借上身右轉，左腳向身右側裏扣腳尖上一步；右手刀裹腦至後背；左掌向左側下擺掌後，再上穿至心口，指尖向上，掌外擰使掌心向外（圖 2-1-36）。接著借身體右轉，右腳經左腳後側，向後撤一步成右弓步；同時，右手刀經左肩上，向右平掃刀至右腳上方，刀身高與肩平，刀刃向右；左臂掌向左腳上方抻開，臂與肩平，掌心向左；目視刀前方。（圖 2-1-37）

3. 動作不停。重心移向左腳成橫襠步；同時，右手刀經身前向左掄刀，接纏頭刀後，繼續由右經左平掃，至左肩前方時，驟然翻腕立刀，使刀尖朝後，刀背置於左臂上；在此之前，左掌上弧線經身前擺掌，再下弧線穿至身左側同胸高，接右手刀刀盤；目視左肩前方（圖 2-1-38）。接著右腳向左腳併攏，身體直立；同時，右手變掌，在身前順時針擺臂一周後，直臂貼靠身右側，左手扣

圖 2-1-37

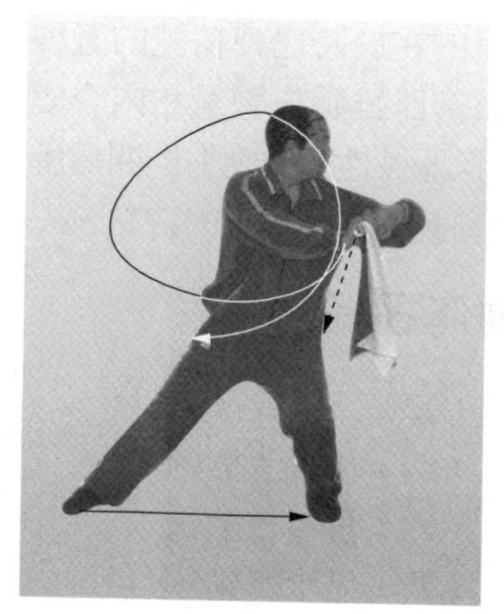

圖 2-1-38

圖 2-1-39

刀盤下落於身左側，使刀刃向前，刀身直立左臂前；目視前方。（圖 2-1-39）

【要領】

（1）借助轉腰，扣步轉身撤步要靈活協調。

（2）圖 2-1-37 和圖 2-1-38 一是右平掃刀，一是翻腕立刀，都是發力動作，要與左擺掌、重心移動、身體轉動配合好，以求身械協調。

第二節　形意五行劍

形意傳統器械——五行劍是在精練形意單趟劈劍、鑽劍、崩劍、炮劍、橫劍後，才學練的一趟傳統器械套路（形意劈、鑽、崩、炮、橫劍的單趟教學已於《尚派形意拳械抉微》第二輯中講解），目的在於將已練精純的五種勁力在一個套路中完整展現。該套路雖動作數量和內容變化較少，但的確是習練和掌握形意器械性能和勁力的關鍵所在，進而展現形意劍特有的身法和既輕靈又剛實的特點。

一、形意五行劍的動作名稱

（一）起勢　（二）三體式接劍
（三）退步獨立反刺劍　（四）後插步劈劍
（五）轉身順步劈劍　（六）併步絞壓劍
（七）進拗步鑽劍　（八）撤步掛劍
（九）進拗步崩劍　（十）進拗步炮劍
（十一）進步搖轉橫劍　（十二）轉身獨立反刺劍
（十三）收勢

二、形意五行劍的動作說明

形意五行劍的前半趟與後半趟動作相同，故本節只講解前半趟、回頭及收勢。

(一)起　勢

身體成立正姿勢，目視前方；兩臂自然下垂於體兩側，肘微外撐不貼身；左手以拇指和小指、無名指和中指攏握護手，伸直食指抵住劍柄，劍面貼左前臂後側，右手成劍訣，手心向後。（圖 2-2-1）

(二)三體式接劍

1. 右訣手由身右側微屈肘，上擺至右側頭上甩腕亮訣，訣指向左；眼隨右訣揚起後，甩頭目視左肩前方。（圖 2-2-2）

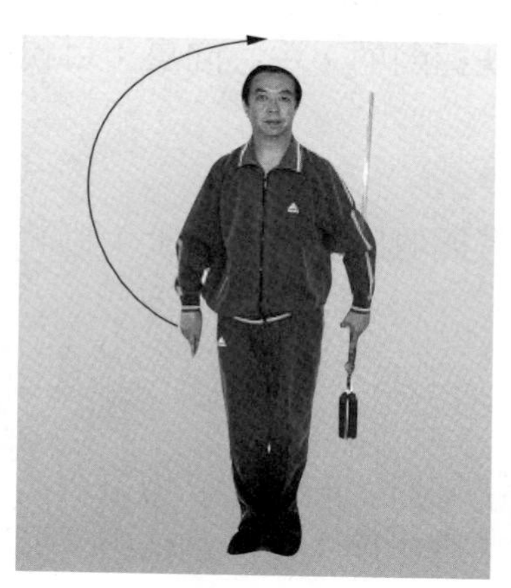

圖 2-2-1

圖 2-2-2

圖 2-2-3

圖 2-2-4

2. 動作不停。雙腿併膝半蹲；同時，右手訣由頭右上側下落至肩平，訣指向右；左手亦同時持劍向左側上舉至肩高，持劍手心向後；目視右手訣。（圖 2-2-3）

3. 動作不停。左腿向左肩前方（前進方向）邁一步成左三體式；同時，兩手由兩側屈前臂向胸前併攏，使左持劍手位於心口前；右手訣變掌扶握劍柄，手心向裏；目視劍前方。（圖 2-2-4）

【要領】

甩右訣與擺頭叫齊。兩前臂回收胸前與左腳上步協調一致。

(三) 退步獨立反刺劍

1. 重心前移左腳成左弓步；同時，右手劍立刃直刺，劍尖高與肩平；左手訣按扶右前臂中節；目視劍前方（圖 2-2-5）。接著左腳後撤一步成右弓步；左訣手不動；右

手持劍裏下掛一周；目視前方。（圖 2-2-6）

2. 動作不停。右腳後撤一步成左三體式；同時，右手劍外下掛一周後，貼身右側回拉至身後，劍尖向前，立刃；左手訣亦同時回拉胸前，上弧線向前指訣，訣高與肩

圖 2-2-5

圖 2-2-6

圖 2-2-7

圖 2-2-8

平；目視左訣（圖 2-2-7）。接著重心後移，左腳勾腳尖側提膝成獨立；同時，右手劍在身右側上弧線拉至右肩上方後，向左肩前方立刃反刺；左訣手亦同時下弧線擺訣至右肘窩；目視劍尖前方。（圖 2-2-8）

【要領】

（1）兩個撤步與裏外掛劍要連貫協調。

（2）獨立要穩，反刺劍時不得低頭彎腰。

(四)後插步劈劍

1. 重心前移，左腳外擺腳尖前落一步；同時，左訣前指與胸同高；右手持劍，貼身左側向下穿劍，目視左訣前方。（圖 2-2-9）

2. 動作不停。借上身左轉，重心前移，右腳裏扣腳尖向前上一步，隨後左腳經右腳跟右後插步，前腳掌點地，腳跟翹起；同時，右手劍上弧線向前立刃劈劍；左訣由身左側上弧線甩腕亮訣至左耳側頭上，訣指向劍尖方向；目視劍方向。（圖 2–2–10）

圖 2–2–9

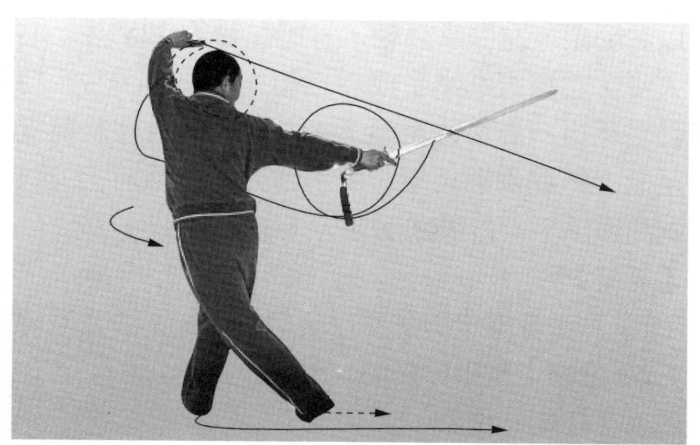

圖 2–2–10

圖 2-2-11

【要領】

（1）進後插步與左穿掄劈劍要上下協調、勁力流暢。

（2）後插步重心側重右腿，兩膝都略彎曲。

(五)轉身順步劈劍

以右腳跟、左腳掌為軸，身體左轉約 225°後，右腳前趟一大步，左腳跟進半步成右三體式；同時，右手持劍，順時針右下掛一周後拉至頭上；左訣順時針在臉前擺訣一周，至頭上抓握劍柄後端，雙手合力向右腳前上方斜刃劈劍，劍高與肩平；目視劍前方。（圖 2-2-11）

【要領】

（1）左轉身進步劈劍要以腰帶右劍、左訣及兩腳。

（2）由頭上雙手劈劍時，劍尖不要「沉頭」，以防出現纏頭或「扛劍」現象。

(六)併步絞壓劍

右腳後撤至左踝裏側成併步；同時，右手持劍，順時針絞壓後回拉至左腹前，劍面平，高與胸平；左訣按扶在右腕上；目視劍前方。（圖 2–2–12）

【要領】

右手持劍在身前右側順時針絞一尺半圓後，邊下壓劍身體邊回拉，力點在下劍面處。

(七)進拗步鑽劍

1. 借左腿後蹬，重心前移，上身右轉，右腳前趟一大步，左腳跟進成左提步；同時，雙手持劍向前平刃直刺後，裏旋劍身平掃回拉劍柄至右腹前，劍尖向前，高與胸平；目視劍尖前方。（圖 2–2–13）

2. 動作不停，借右腳後蹬，左腳向前趟進一大步，右

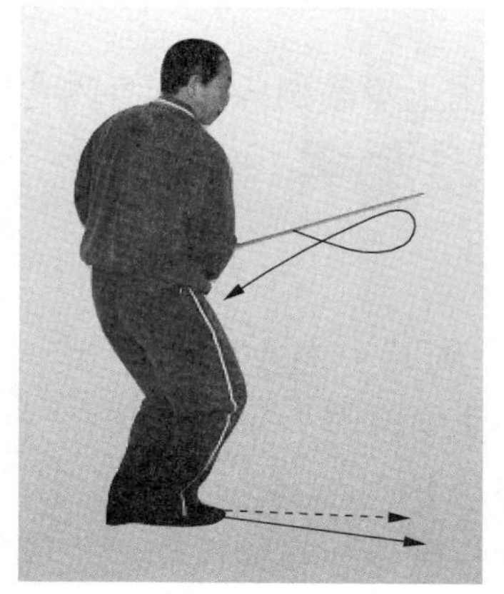

圖 2–2–12

圖 2–2–13

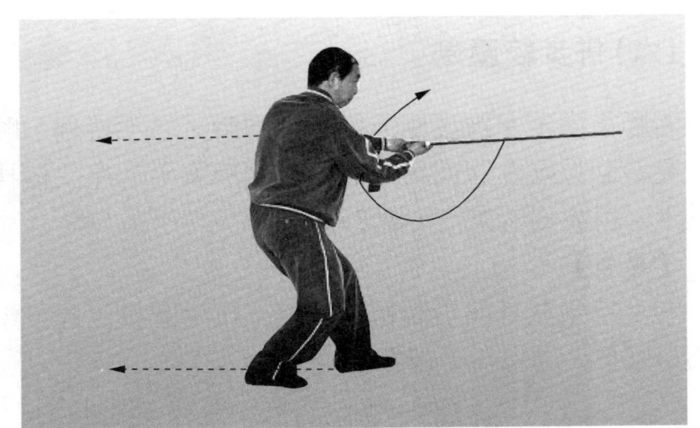

圖 2-2-14

腳隨之跟進成左三體式步；同時，雙手持劍，邊外旋邊向前、向左推刺劍（鑽劍），劍面平尖向前，高與肩平；目視劍前方。（圖 2-2-14）

【要領】

（1）圖 2-2-13 是一防守動作，利用劍面粘住對方器械，由平掃回掛化解對方進攻。

（2）在粘住對方器械同時，由上步鑽劍，用劍身內含的推、搓、刺勁力攻擊對方，要求攻防一體，一氣呵成。

(八) 撤步掛劍

1. 左腳後撤一步成右弓步；同時，右手劍裏下掛一周；左手變訣，直臂向後指訣，使兩臂與肩平，前後在一直線上；目視劍前方。（圖 2-2-15）

2. 動作不停。借右轉身，重心後移，右腳後撤一步成左三體式；同時，右手持劍，回拉至右胯後側，劍尖向前

立刃；左訣下弧線經左肋、心口，上弧線向前指訣，訣高與肩平；目視訣前方。（圖 2-2-16）

【要領】

撤步掛回抽劍與前指訣要協調一致。

圖 2-2-15

圖 2-2-16

圖 2-2-17

(九)進拗步崩劍

1. 左腳前趟一步，右腳跟進成右提步；同時，右劍前出身前；左訣下落變手抓握劍柄後端，雙手持劍向前直刃直刺，劍尖高與肩平；目視劍尖。（圖 2-2-17）

2. 動作不停。借重心前移，左腳後蹬，右腳向前趟進一大步，左腳隨即跟進成左提步；同時，雙手持劍搓把（右手回拉，左手前推），使劍尖向上、向回挑掛至右肩前，劍下刃向前，兩肘貼肋；目視前方。（圖 2-2-18）

3. 動作不停。後蹬右腳，使左腳向前趟進一大步，右腳隨即跟進半步成左崩拳步；同時，雙手銼把（右推左拉），將劍向前崩出，力達劍下刃，內含推、銼、刺、劈之勁；目視劍前方。（圖 2-2-19）

【要領】

（1）雙手持劍向回挑掛與落右腳左提步要上下相隨。

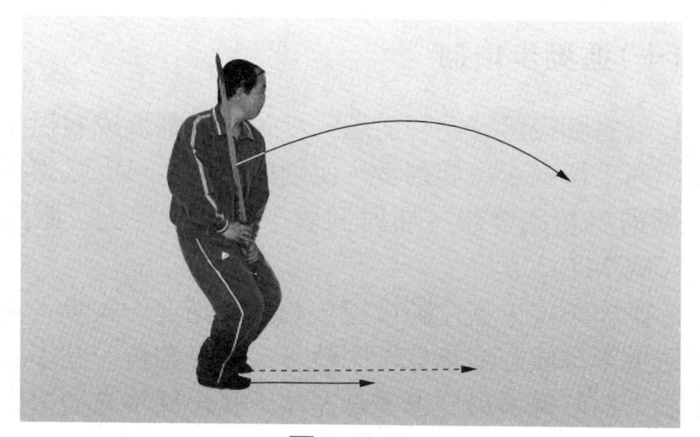

圖 2-2-18

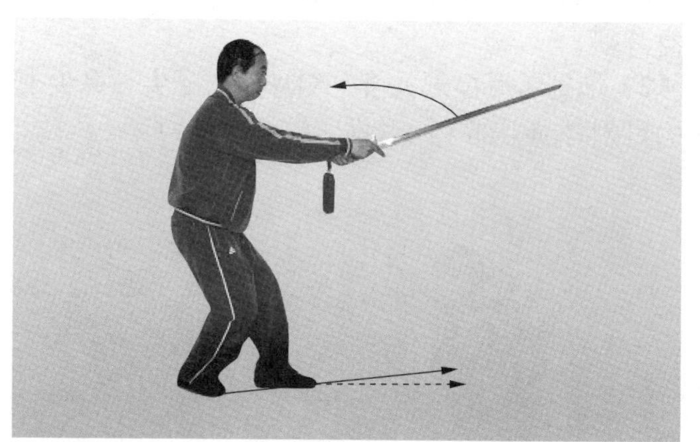

圖 2-2-19

劍挑掛後成直立，劍身距右肩有一拳之隔，並掩住右肩。

（2）崩出的劍要借助前趟後蹬腿力及腰勁，既表現形意顧打結合特點，又展現硬打硬進的獨特勁力。

(十)進拗步炮劍

1. 借右腳後蹬，左腳前趟一步，右腳跟進成右提步；同時，右手持劍，裏旋劍身，使劍前刃向上，上弧線掛劍至左肩前；左手變訣，屈肘回收下落至右腕上；眼隨劍走。（圖 2-2-20）

2. 動作不停。借左腳後蹬，右腳前趟進一大步，左腳隨即跟進半步成右炮拳步；同時，借上身右轉，左手訣按腕不動；右前臂邊裏旋邊經身左側下弧線反手立刃撩出，劍下刃向前，劍身高不過肩；目視劍前方。（圖 2-2-21）

【要領】

（1）提步上掛接上步炮劍應連貫一氣，借腰發勁，劍、步齊到。

（2）炮劍（反撩劍）後，劍身與右腳尖、鼻尖上下相對，力貫劍身前半部，內含推、銼、撩勁力。

圖 2-2-20

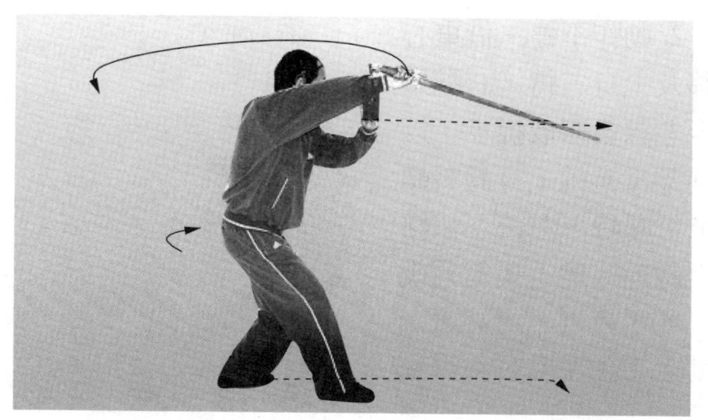

圖 2-2-21

（十一）進步搖轉橫劍

1. 借重心前移，上身右轉，以右腳前腳掌為軸，左腳向前裏扣，腳尖上一步成右弓步；同時，右手劍上弧線立刃下劈劍至右腳上方；左臂訣向左腳後方伸出；目視劍前方。（圖 2-2-22）

圖 2-2-22

2. 動作不停。借重心後移及上身右轉，右腳撤並至左踝裏側成提步，以左前腳掌為軸，身體右轉180°；同時，左訣下弧線擺至臉前，變手握劍柄後端，雙手持劍，隨轉體在臉前上方由左向右斜雲劍一周；目視劍身。（圖2-2-23）

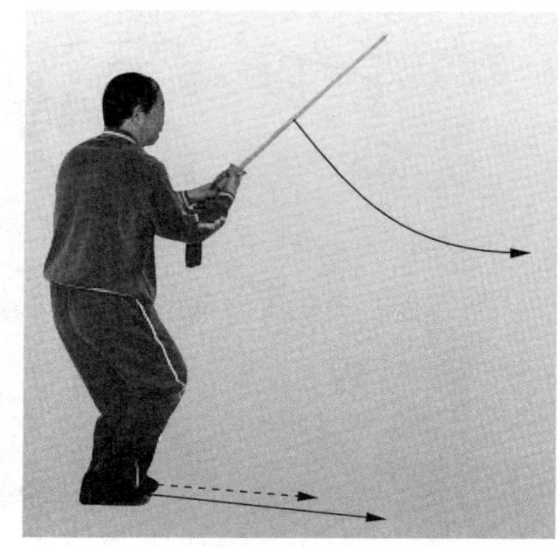

圖 2-2-23

3. 動作不停。借左腳後蹬，右腳前趟一大步，左腳隨之跟進成右橫拳步；同時，雙手持劍，裏旋劍身，使劍之前刃向前、向右腳前上方斜劈劍（橫劍），劍身高不過肩，力達劍前刃；目視劍前方。（圖2-2-24）

【要領】

（1）提步轉體雙手雲劍應與右順步橫劍連貫一氣，借腰轉，腿前趟後蹬，最終達到劍、腳齊到。

（2）橫劍身內含劈、搓、截等勁力。

（十二）轉身獨立反刺劍

1. 借身體右轉，以右前腳掌為軸，左腳裏扣腳尖向前上一步，使身體右轉約180°成右弓步；同時，右手劍上弧線掛劍至右腳前上方後，立即外下掛一周；左臂訣向左腳後上方伸出，高與肩平；目視劍前方。（圖2-2-25）

2. 動作不停。借重心後移，上身右轉，右腳後撤一

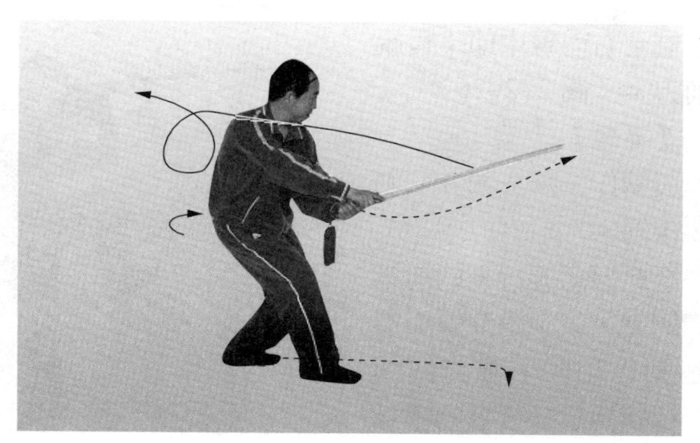

圖 2-2-24

圖 2-2-25

步，隨後左腿勾腳尖正提膝；同時，右手劍立刃貼身右側回拉至身後時，裏旋劍身，使劍下刃向上經右耳側向前反刺，劍身高不過頂；左訣亦同時下弧線穿至胸口後，再下

圖 2-2-26

弧線擺至右前臂中節；目視劍前方。（圖 2-2-26）

【要領】

與動作三轉身獨立反刺劍要求同。

至此形意五行劍的前半趟講解完，後半趟演練與前半趟動作相同，唯方向相反。待練到起勢位置的轉身獨立反刺劍，再接後插步劈劍（圖 2-2-27～圖 2-2-29，圖略）、轉身順步劈劍（圖 2-2-30）後方可收勢。上述圖片文字要領從略，動作從圖 2-2-30 開始。

(十三) 收　勢

1. 左腳後撤一步成右弓步；左訣手不動；右手持劍裏

圖 2-2-30

下掛一周；目視劍前方（圖 2-2-31）。接著右腳後撤一步成左弓步；左訣不動；右手持劍外下掛一周；目視劍前方（圖 2-2-32）。接著借上身右轉，左腳裏扣，兩腿成橫襠步（重心側重左腿）；同時，左訣不動；右手劍裏旋，在

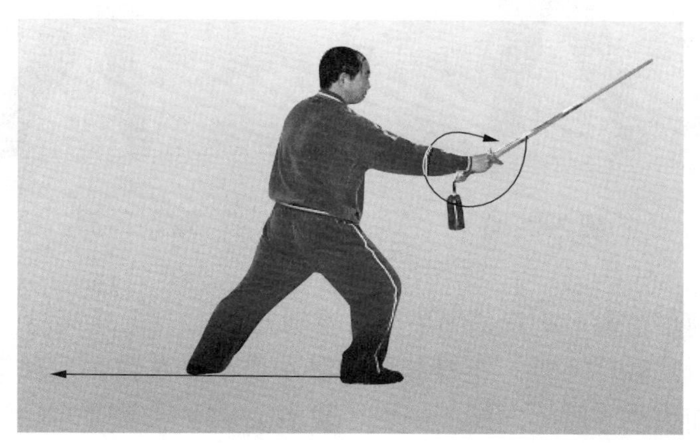

圖 2-2-31

圖 2-2-32

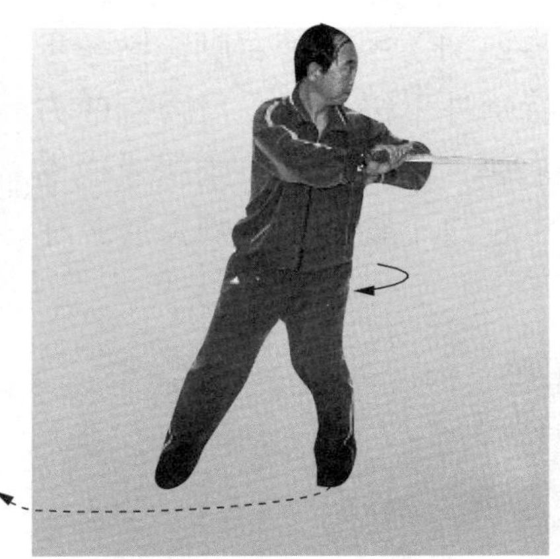

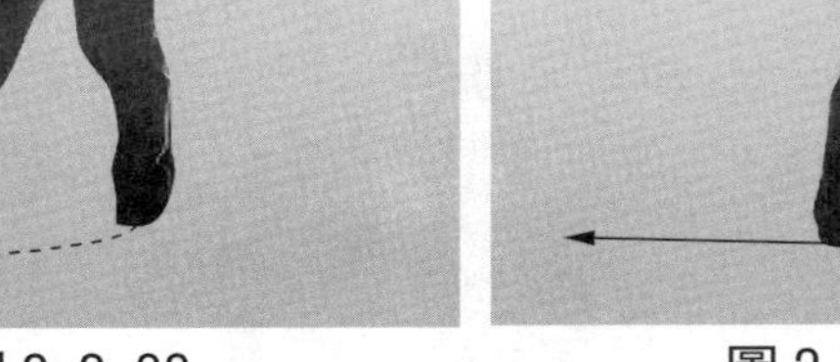

圖 2-2-33　　圖 2-2-34

身前平拉劍，劍身劍面平，目視劍方向。（圖 2-2-33）

2. 動作不停。上身姿勢不動，借上身右轉，左腳經右腳前裏扣，腳尖向前上一步（圖 2-2-34）。接著右腳經左腳後向身左側撤一步，借上身右轉，左右兩腳以腳跟為軸，右轉兩腳尖成右弓步；同時，右手邊外旋劍身，邊向右腳前上方平掃劍，持劍手心向上，劍身劍面與肩平；左訣臂向左腳上方伸出，訣指向左，高與肩平；目視劍前方。（圖 2-2-35）

3. 動作不停。重心移至左腿成橫襠步；同時，右手持劍在身前裏下掛一周後，經身前向左平掃劍，當右手劍接近左手時，迅速向裏翻腕，使手心向外將護手貼於左手，劍成立刃貼於左前臂外側；目視左前方（圖 2-2-36）。接著右腳向左腳併攏，身體成立正姿勢；同時，左手倒持劍，劍面貼於左前臂後，左臂下落體左側；右手變訣，同時在身前逆時針擺臂一周後，下落至右胯旁，訣指向下；

圖 2-2-35

圖 2-2-36

圖 2-2-37

目視前方。（圖 2-2-37）

【要領】

（1）左右退步掛劍要活腕，劍在身兩側走立圓。

（2）擺扣步帶劍轉身要輕鬆自然，如行雲流水。

（3）收勢前兩動作要求動作、眼神協調一致，還應沉穩自然。

第三節　形意六合刀

六合刀是從形意傳統套路——六合拳中變化出來。形意拳的前身曾叫「心意六合拳」「六合拳」，是指一拳種的名稱，這裏講的是形意傳統套路之一的套路名稱，應區別開。形意六合拳已在《尚派形意拳械抉微》第二輯一書作了介紹。

在這裏主要講形意六合刀的練法和要求。它除了講究「內外三合」的「六合」外，還在進退、轉折、拗順中求動作和勁力的合。該套路佈局獨特，展現了形意器械的豐富內涵。

一、形意六合刀的動作名稱

（一）起勢　（二）格刀推掌
（三）三體式藏刀　（四）轉身獨立捋刀
（五）進步獨立刺刀　（六）轉身順步劈刀
（七）退步捋刀　（八）後插步撩刀
（九）轉身進步劈刀　（十）轉身提膝背刀
（十一）行步背刀　（十二）轉身弓步掃刀
（十三）退步獨立架刀　（十四）轉身進步劈刀
（十五）進拗步崩刀　（十六）進順步炮刀
（十七）退步轉身分刀　（十八）三體式捋刀
（十九）疾步獨立刺刀　（二十）收勢

二、形意六合刀的動作說明

形意六合刀前半趟與後半趟動作相同，故講解前半趟與收勢。

形意六合刀動作一起勢、動作二格刀推掌，與形意五行刀相同，故從略，圖片從圖 2-3-4 開始。

（三）三體式藏刀

1. 重心前移左腳，右腿屈膝前提，使右腳扣於左腿後膝窩處；同時，左手刀前上抬至與肩平；右手接握刀柄拉刀至右胯後方，刀尖向前；左手亦同時變掌，指尖向上前推掌，腕高與肩平；目視左掌前方。（圖 2-3-5）

2. 動作不停。借重心後移，右腳後撤一步後直立，隨即左腳正勾腳尖，正提膝獨立；同時，左掌由前向下、向裏捲腕回收，貼腹上穿至心口；右手持刀，亦同時向右

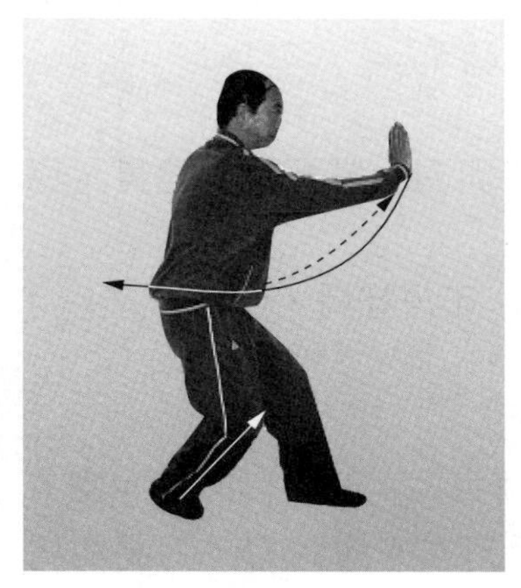

圖 2-3-4

圖 2-3-5

圖 2-3-6

圖 2-3-7

外、向後翻腕上舉裹腦刀，使刀背貼於身後背，刀尖向下；目視左腳尖前上方（前進方向）。（圖 2-3-6）

3. 動作不停。左腳向前落步成左三體式；同時，右手刀裹左肩，經身前向前、向下、向後拉刀至右胯後方，刀尖向前；左掌亦同時邊捋刀邊裏旋腕立掌前推；目視左掌前方。（圖 2-3-7）

【要領】

（1）重心移動，提膝落步與刀、掌配合要連貫、協調。

（2）裹腦捋刀要自然協調，不得聳肩、低頭。

(四)轉身獨立捋刀

1. 重心前移，左腳墊上一步成左弓步；同時，左掌下落握刀柄後端輔助右手；右手刀立刃前刺刀，刀高與肩平；目視刀前方（圖 2-3-8）。接著借右轉身，移動重心

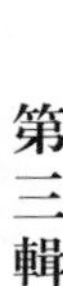

圖 2-3-8

至左腳；右手刀經臉前上弧線向右腳前上方劈刀，刀刃向前；左臂及掌向左腳跟上方伸出，掌心向外；目視刀前方。（圖 2-3-9）

圖 2-3-9

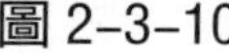
圖 2–3–10

圖 2–3–11

2. 動作不停。重心後移，右腳向左腳後撤一步成左三體式；同時，右手刀裹下掛一周後，經身右側向回拉刀裹腦，使刀背貼後背；左掌亦同時下弧線穿掌至心口；目視左腳尖前上方。（圖 2–3–10）

3. 動作不停。勾左腳尖正提膝成右獨立步；同時，右手刀裹左肩，經身前下弧線回拉至右胯後方，刀尖向前；左掌亦同時邊裏擰邊上弧線向前推掌，掌指向上；目視左掌。（圖 2–3–11）

【要領】

掛刀、裹腦與轉身獨立上下協調、輕靈。

(五) 進步獨立刺刀

1. 動作不停。上身不動，重心前移，左腿下落成左弓步；目視左掌。（圖 2–3–12）

2. 動作不停。重心前移，右腳裏扣腳尖前上一步，隨

圖 2-3-12

即左腳勾腳尖正提膝獨立；同時，右手刀向前上方平刃刺刀，刀高與肩平；左掌同時下落按扶右前臂內側；目視刀前方。（圖 2-3-13）

【要領】

上步獨立與刺刀要協調。刺刀方向與前進方向相反。

圖 2-3-13

圖 2-3-14

(六)轉身順步劈刀

1. 借上身左轉，左腳外擺腳尖向前落一步；同時，右手持刀，貼臉前上弧線擺刀至左肩前；左掌隨後從右肘下向外探掌；目視左腳前上方。（圖 2-3-14）

2. 動作不停。重心前移，右腳向前趟進一大步，左腳跟進一腳成右三體式；同時，右手刀貼身左側，上弧線向右腳前上方劈刀，刀刃向下，刀高與肩平；左掌亦同時貼身左側，下弧線上擺掌至頭上側，掌指向前；目視刀前方。（圖 2-3-15）

圖 2-3-15

【要領】

左腳外擺落步與右擺刀要協調。順步劈刀借助前趟後蹬，並與右刀叫齊。

(七)退步捋刀

1. 左腳後撤半步成右弓步；同時，左掌前下落右前臂中節上；右手刀裏下掛一周；目視刀前方。（圖 2–3–16）

2. 動作不停。右腳後撤一步成左三體式；同時，右手刀外下掛一周後，回拉刀至右胯後方，刀尖向前；左立掌向前直推，指尖向上，掌高與肩平；目視左掌前方。（圖 2–3–17）

【要領】

（1）撤左腳，右手刀裏下掛一周；撤右腳，右手刀外下掛一周。

（2）搓撤右腳左三體式要與右拉刀、左推掌叫齊。

圖 2–3–16

圖 2–3–17

(八)後插步撩刀

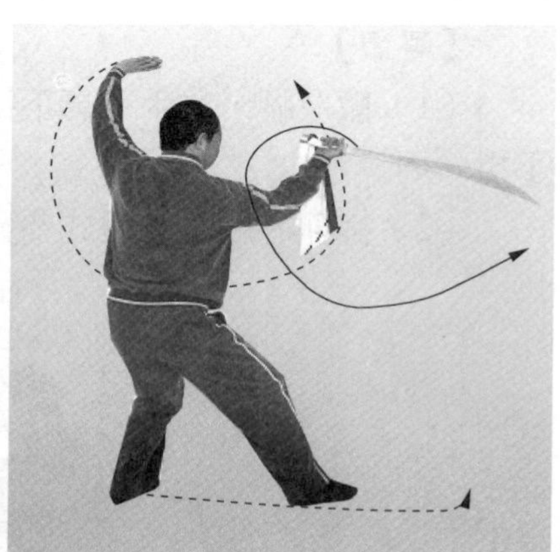

圖 2–3–18

1. 右腳裏扣腳尖向前上一步；同時，右手持刀外旋刀身，使刀刃向上，將刀撩起至臉高；左掌亦同時在身前下穿掌後，向左耳側頭上擺掌，掌指向前；目視刀方向。（圖 2–3–18）

2. 動作不停。左腳經右腳向右後插步，左腳跟翹起向前進方向；同時，右手刀貼身前由右向左掛刀後，下弧線向左腳跟前上方撩刀，刀刃向上，刀高與腰平；左掌亦同時由左向下、向右、向左擺掌至左耳側頭上，掌指向前；目視刀前方。（圖 2–3–19）

【要領】

右刀與左掌呼應，且與右腳上步、左後插步協調一致。

圖 2-3-19

(九)轉身進步劈刀

1. 兩腳及步型不變；右手刀在右胯前順時針掛刀一周後，纏頭使刀背貼後背；左掌同時裏旋，經身前向身左側下弧線穿掌，指尖向下，掌心向外；目視左掌。（圖 2-3-20）

2. 上動不停。左腳以前腳掌、右腳以腳底為軸，上身向左轉體 230°左右，右腳前趟一大步，左腳跟進半步成右三體式；右手刀經身前下弧線擺至頭右側時，左手上擺抓

圖 2-3-20

圖 2-3-21

握刀柄後端，雙手持刀向右腳前上方劈刀，刀高與肩平，刀刃向下；目視刀前方。（圖 2-3-21）

【要領】

借翻轉身之力接進步劈刀，要求活腰大擺臂，斜肩帶背，劈刀迅猛。

(十)轉身提膝背刀

1. 借重心前移，右腳外擺腳尖向前進方向右 45°擺上一步，兩膝彎曲；同時，右手刀裏旋，使刀刃向前，刀面經身前向右平掃刀，刀身與肩平；左手變掌，亦同時向肩左側推掌，掌高與肩平，掌指向前；目視刀前方。（圖 2-3-22）

2. 動作不停。左腳向前進方向右 30°裏扣腳尖上一步；同時，右手刀貼身前上弧線左擺刀，使刀柄落至腹前，刀面貼左上臂上；左掌同時下落與腰平，裏旋叼勾，

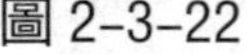
圖 2-3-22

圖 2-3-23

勾尖向上；目視刀尖方向。（圖 2-3-23）

3. 動作不停。重心移至屈膝左腿，右勾腳尖，略向左擺小腿斜提膝；同時，右手持刀柄，與左勾手相應上抬，右刀手高與肩平，左勾手高與胸平；目視左勾手。（圖 2-3-24）

圖 2-3-24

【要領】

右擺左扣腳上步流暢。擺刀叼勾與右提膝協調，以表現形意刀特有身法。

（十一）行步背刀

動作不停。上身不變，右腳外擺腳尖向前邁一步（圖

2-3-25）。上身仍不變，左腳裏扣，右外擺腳向右弧行各走一步。（圖 2-3-26、圖 2-3-27）

【要領】

行步上左右腳三步，是向右前方弧行走約 2 公尺直徑

圖 3-2-25

圖 2-3-26

圖 2-3-27

的半圓，身體不得有起伏，形意行步形如八卦趟泥步。

（十二）轉身弓步掃刀

借上身右轉，右腳以前腳掌為軸，左腳裏扣腳尖擺上一步，成轉向前進方向的右弓步；同時，右手持刀，刀面平刃向前，從左肩前掃至右腳尖前上方，右臂及刀高與肩平；左手勾變掌，向左腳上方展開臂掌，使左臂掌高與肩平，左掌心向左；目視刀前方。（圖 2-3-28）

【要領】

以腰帶動右掃刀、左掃腿，同動同停。

（十三）退步獨立架刀

1. 重心後移，右腳向後搓退一大步，左腳隨之略退成左三體式；同時，右手刀外下掛一周後，回拉至右胯後方，立刃刀尖向前；左掌同時下弧線外旋穿掌至心口（掌

圖 2-3-28

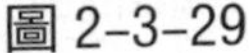
圖 2-3-29

圖 2-3-30

指向上，掌心向外），當右刀回拉時，左掌邊裏旋邊向前推掌，腕高與胸平，掌指向上，左掌心向右；目視左掌。（圖 2-3-29）

2. 動作不停。左腳勾腳尖提膝；同時，右手持刀在身右側，由下向上擺刀至右耳側頭上時，翻腕架刀至頭上，使刀尖向前，刀刃向上；左掌同時下弧線擺掌至右肘處；目視刀尖前方。（圖 2-3-30）

【要領】

獨立步要穩，擺架刀與左提膝、左擺掌協調叫齊。

(十四)轉身進步劈刀

借上身左轉，左腳向前踩落，接著重心前移，右腳前趟一大步，隨之左腳跟進半步成右三體式；左腳踩落時右手刀纏頭一周，當右腳前趟同時，右刀擺至頭右上方，左手抓握刀柄後端，雙手合力向前劈刀，刀尖向前，刀刃朝

圖 2-3-31

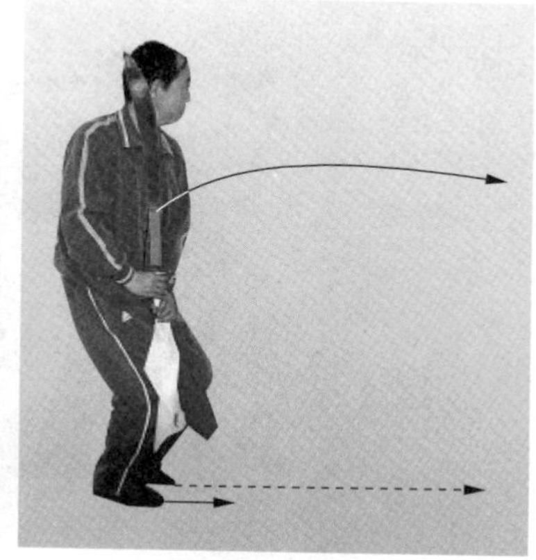

圖 2-3-32

下，刀高與肩平；目視刀前方。（圖 2-3-31）

【要領】

借助左右連上步及纏頭的慣性，雙手持刀前劈要快速兇猛。

(十五)進拗步崩刀

1. 借左腳後蹬，重心前移，右腳墊上一步，左腳跟進成左提步；同時，雙手握刀搓把（左推右拉），向上挑腕立刀回拉，使刀背回掛至右肩前；雙手回拉至右腹前，肘貼肋，使刀尖向上，刀刃向前；目視前方。（圖 2-3-32）

2. 動作不停。借重心前移，左腳前趟一大步，右腳跟進成左崩拳步；同時，雙手持刀搓把（右推左拉）向前推、搓、崩刀，刀刃向下，刀高與胸平；目視刀前方。（圖 2-3-33）

圖 2-3-33

【要領】

立刀回掛要借上步刀回，崩刀要借前趟後蹬腿力、右推左拉的搓把。

(十六)進順步炮刀

1. 借右腳後蹬，重心前移，左腳前墊一步，右腳跟進成右提步；同時，右手刀向外翻腕，上弧線掛刀至左肩前，刀尖向上；左手同時變掌按扶右前臂中節；眼隨刀走。（圖 2-3-34）

2. 借重心前移，右腳前趟一大步，左腳跟進成右炮拳步；同時，借上身略右轉，右手刀經身左側下弧線立刃向前撩刀，刀刃斜向上；左掌仍按右前臂中節隨之運動；目視刀前方。（圖 2-3-35）

【要領】

（1）上掛接進步炮刀要連貫迅猛，右腳落地與出刀要借右擰腰。

圖 2-3-34

圖 2-3-35

（2）刀身與右腿上下相對，力貫刀身前半部，內含推、搓、撩勁力。

（十七）退步轉身分刀

1. 左腿後撤一步成右弓步；同時，左掌仍扶右前臂中節，右手刀裏下掛一周（圖 2-3-36）。接著借右轉身，右腳後撤一步，左腳腳跟為軸，隨之裏扣腳尖成內八字步；同時，右手刀外下掛

圖 2-3-36

圖 2-3-37

一周後，回拉至腹前，刀刃向下；左掌按扶刀背上；目視左肩前方。（圖 2-3-37）

2. 動作不停。借上身右轉 180°，右腳跟為軸，腳尖外擺，左腳尖裏扣，弧行向後上一步成內八字腳；同時，右手持刀，左手扶刀背從身右側弧行擺刀至頭上後，右手刀向右弧行分刀，刀刃向右；左掌向身左側弧行分掌，掌指向上，掌心向外，兩臂與肩高；目視右刀。（圖 2-3-38）

【要領】

（1）借右轉身，右外擺左扣步與下合上分刀要求流暢連貫，不得有起伏，刀貼身走立圓。

（2）要求從圖 2-3-36 至圖 2-3-38 重複做一遍，文字圖片從略，也就是連續做兩個退步分刀。

（十八）三體式捋刀

第二個圖 2-3-38 動作完成後，借右轉身，右腳後撤成

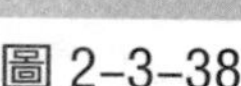
圖 2-3-38

圖 2-3-39

左三體式；同時，右手刀外下掛一周後，回拉至右胯後方；左掌亦同時經胸口向左腳前上方推掌，掌高與胸平；目視左掌。（圖 2-3-39）

（十九）疾步獨立刺刀

1. 上身不動。右腳向左腳併靠同時，左腳向前跳上一步，右腳落左腳原位置成左三體式；同時，左掌在胸前順時針繞掌一周；目視左掌。（圖 2-3-40）

圖 2-3-40

2. 動作不停。借上身左轉，重心前移，右腳裏扣腳尖弧行上一步，隨即左腳勾腳尖正提膝獨立；同時，右手刀平刀面向前直刺，刀刃向左，高與肩平；左掌落按在右肘上；目視刀前方。（圖 2-3-41）

圖 2-3-41

至此形意六合刀的前半趟講解完。後半趟開始接轉身順步劈刀，重複前半趟的順序和動作，只是方向相反演練。待練到起勢一側，且與起勢同方向的轉身順步劈刀時方可收勢。

(二十) 收　勢

形意六合刀的收勢與形意五行刀收勢相同，故文字、圖片省略。

第四節　形意六合劍

形意六合劍是從形意傳統套路——六合拳中變化出來。形意拳的前身曾叫「心意六合拳」「六合拳」，是指一拳種的名稱，這裏講的是形意傳統套路之一的套路名稱，應區別開來。我已在《尚派形意拳械抉微》第二輯一書對形意六合拳作了介紹。

在這裏主要講形意六合劍的練法和要求。它除了講究「內外三合」的「六合」外，還在進退、轉折、拗順中求動作和勁力的協調。該套路佈局獨特，展現了形意器械的豐富內涵。

一、形意六合劍的動作名稱

（一）起勢
（二）三體式接劍
（三）轉身三體式抽劍
（四）進步獨立刺劍
（五）轉身順步劈劍
（六）退步抽劍
（七）後插步撩劍
（八）翻身進步劈劍
（九）轉身提膝抱劍
（十）行步抱劍
（十一）轉身弓步平掃劍
（十二）退步獨立架劍
（十三）進拗步雲劈劍
（十四）進拗步崩劍
（十五）進順步炮劍
（十六）退步轉身掛劍
（十七）三體式抽劍
（十八）疾步獨立刺劍
（十九）收勢

二、形意六合劍的動作說明

形意六合劍的前半趟與後半趟的動作相同，故講解前半趟及收勢。

形意六合劍動作一「起勢」、動作二「三體式接劍」與形意五行劍前兩個動作相同，故從略。圖片從圖 2-4-4 開始。

圖 2-4-4

(三)轉身三體式抽劍

1. 重心前移左腿成左弓步；右手持劍，立刃向前刺，劍高與胸平；左手變訣，扶於右前臂中節；目視劍前方（圖 2-4-5）。接著借上身右擰，重心移至右腿成右弓

圖 2-4-5

圖 2-4-6

圖 2-4-7

步；同時，右手持劍，貼身上弧線掛劍至右腳前上方；左臂、訣同時向左腳上方展開伸出；目視劍前方。（圖 2-4-6）

2. 動作不停。借重心後移，右腳向前進方向撤一步成左三體式；同時，右手劍外下掛一周後，回拉至右胯後方，立刃劍尖向前；左訣下弧線經胸口向左腳前上方指訣；目視訣手。（圖 2-4-7）

(四) 進步獨立刺劍

1. 重心前移，左腳前墊一腳成左弓步；同時，右劍不

圖 2-4-8

動；左訣順時針在臉前繞訣一周，訣指向右；目視左臂前方。（圖 2-4-8）

2. 動作不停。重心前移，右腳尖裏扣，弧線向後方上一步，左腳勾腳尖正提膝獨立；同時，借上身左轉，右手持劍，平刃向前直刺，劍高與肩平；左訣下落按扶右肘上；目視劍前方。（圖 2-4-9）

【要領】

（1）進步、提膝、刺劍要上下一體，同時完成。

（2）刺劍要借擰腰側身，以利力達劍尖。

(五)轉身順步劈劍

1. 借上身左轉，左腳尖外擺向前一步；同時，右手劍上弧線，經臉前向身左側穿劍；訣指貼右前臂向前上伸出；目視左訣前方。（圖 2-4-10）

2. 動作不停。重心前移，右腳前趟一大步，左腳跟進

圖 2-4-9

圖 2-4-10

圖 2-4-11

半步成右三體式；同時，右手劍從後向上、再向前立刃劈劍，劍高與肩平，左訣亦同時下弧線，從身左側向下、向後、再向上擺訣至左耳側頭上，訣指向前；目視劍前方。（圖 2-4-11）

【要領】

（1）借上身左轉，左穿掛劍要流暢成立圓。

（2）向前劈劍要借前趟後蹬腿力，力貫劍下刃。

(六)退步抽劍

1. 左腳後移，重心前移成右弓步；同時，左訣指下落按扶右前臂上；右手持劍裏下掛一周，劍高與肩平；目視劍前方。（圖 2-4-12）

2. 動作不停。重心後移，右腳後撤一大步成左三體式；同時，右手持劍，立刃外下掛一周後，回拉劍至右胯後方，劍尖向前；左手訣指前伸，訣高與肩平；目視左訣前方。（圖 2-4-13）

【要領】

（1）左右撤步與裏外下掛一周要流暢協調。

（2）右手回拉抽劍與左訣前指要在身前走出兩個立圓。

圖 2-4-12

圖 2-4-13

(七)後插步撩劍

1. 重心前移，上身左轉，右腳尖裏扣向前一步；同時，右手劍貼身右側，劍尖在前立掛下半圓後，先裏旋腕再外旋劍身，劍柄在前掛劍一周後，下刃在上向前撩劍；左訣同時在身前甩訣立掛一周後，貼頭左側擺臂，使左訣落至左耳側頭上；目視劍柄前方。（圖 2-4-14）

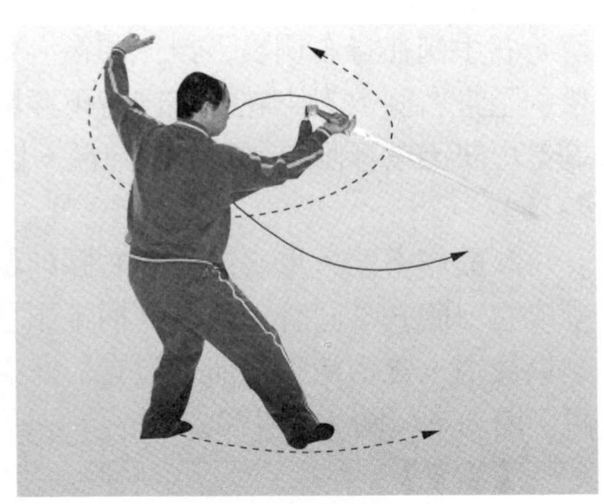

圖 2-4-14

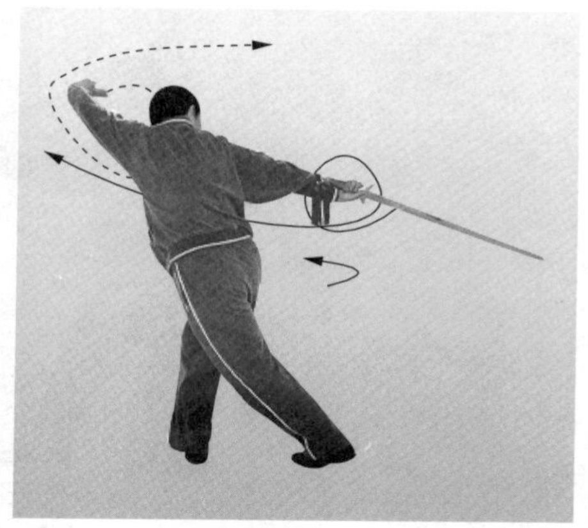
圖 2-4-15

2. 動作不停。重心前移，左腳向右腳後插步，腳跟向前進方向翹起；同時，右手劍貼身前，上弧線立圓向前撩劍，下刃在前，劍尖高不過胯；左訣手下弧線經身前擺臂，使左訣擺至左耳側頭上，訣指向前；目視劍前方。（圖 2-4-15）

【要領】

撩劍走立圓，並與後插左腳叫齊。

(八)翻身進步劈劍

1. 左腳以前腳掌、右腳以腳跟為軸，左轉身 180°；同時，右手劍在身右側裏下掛一周後，劍下刃向上，以劍柄帶劍至身右側上方；左訣亦同時下穿胸前後，下弧線向右擺臂甩訣至左耳側頭上，訣指向後；目視右劍手。（圖 2-4-16）

2. 動作不停。重心前移，右腳前趟一步，左腳跟進半步成右三體式；同時，上擺劍柄至頭右上方時，左手抓握劍柄後端，雙手持劍向前下方立刃劈劍，劍高與肩平；目視劍前方。（圖 2-4-17）

【要領】

借翻轉身慣性，使右趟左蹬與雙手劈劍連貫、剛實。

圖 2-4-16

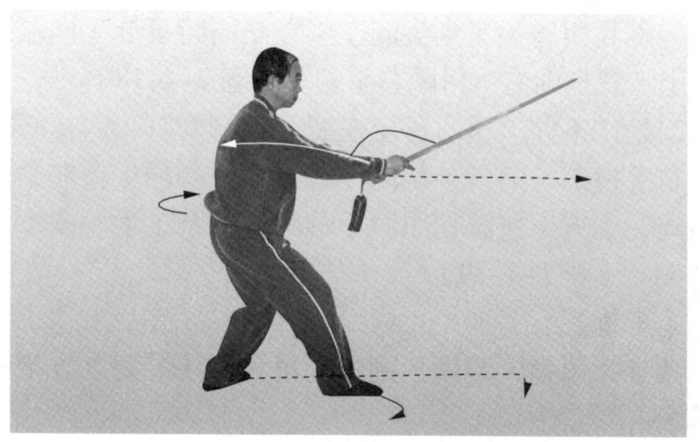
圖 2-4-17

(九)轉身提膝抱劍

1. 右腳外擺腳尖墊上一步，隨上身右轉，左腳裏扣腳尖前上一步成內八字腳；同時，右手劍裏旋，上弧線向右

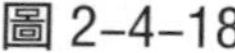

圖 2-4-18

圖 2-4-19

抹劍，劍高與肩平，劍尖向左；左訣同時裏旋，向左腳上方伸出，訣指向右；目視右手劍。（圖 2-4-18）

2. 動作不停。重心移至左腿，右腳勾腳尖斜提膝；同時，右手持劍，前臂外旋向左帶擺，使劍柄抱於左肋前，劍尖向右上方；左訣指屈肘下落附於右腕，手心向下；目視劍尖。（圖 2-4-19）

【要領】

轉身抹擺劍，要顯示劍的輕靈和身法。獨立步抱劍要沉穩。

(十)行步抱劍

1. 動作不停。上身不動，右腳向轉身後左前方外擺腳尖向前一步（圖 2-4-20）。接著左腳裏扣腳尖，繞右腳前上一步。（圖 2-4-21）

2. 動作不停。右腳弧行外擺腳尖向前上一步。（圖 2-

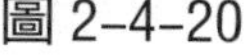

圖 2-4-20

圖 2-4-21

圖 2-4-22

4-22）

【要領】

行步左扣右擺上右左右三步要走出約 2 公尺直徑的半圓來，行步要流暢，身體不得有起伏。

圖 2-4-23

(十一)轉身弓步平掃劍

動作不停。右腳以前腳掌為軸，借上身右轉，左腳裏扣腳尖向前弧行上一步，成面向前進方向的右弓步；同時，右手劍邊裏旋劍身，邊從身左側向右平掃劍至右腳前上方後，外旋劍身，劍面平，右手心向上，劍高與肩平；左訣手向左腳跟方向伸出，訣指向後；目視劍尖前方。（圖 2-4-23）

【要領】

借右轉身平掃劍，形意門也叫橫崩劍，要求右手劍、左腳同動停，力達劍上刃。

(十二)退步獨立架劍

1. 重心後移，右腳向後撤一大步成左三體式；同時，右手劍外下掛一周後，回拉至右胯後方，劍尖向前；左訣

亦同時下弧線經心口向前伸出；目視左訣前方。（圖 2-4-24）

圖 2-4-24

2. 動作不停。重心移右腳，左腳勾腳尖側提膝；同時，右手持劍，從身右側上擺劍至頭上時，立刃架劍，持劍柄右手在右耳側頭上；左訣指按扶右肘窩處；目視左肩前方。（圖 2-4-25）

【要領】

右擺架劍與左提膝要上下相合，上身直立，獨立步要穩。

圖 2-4-25

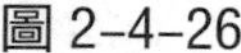
圖 2-4-26

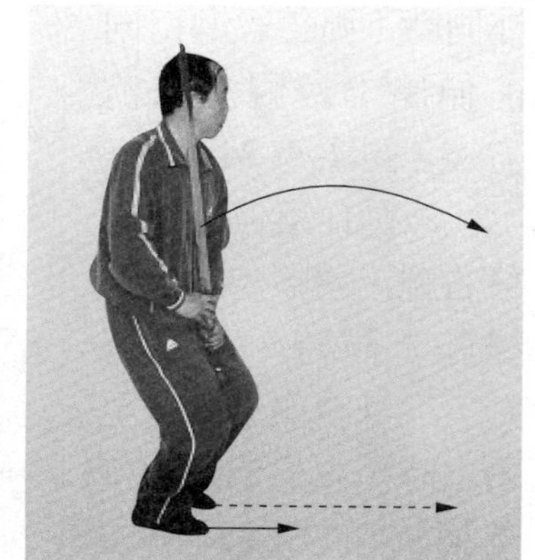
圖 2-4-27

(十三)進拗步雲劈劍

重心前移，左腳下落前趟一大步，隨之右腳向前上一大步，接著左腳再跟進成右崩拳步；同時，右手劍邊外旋邊在臉前上方順時針斜雲劍一周後，左手抓握劍柄後端，雙手持劍向右腳尖前上方斜刃劈劍，劍高與肩平；目視劍前方。（圖 2-4-26）

【要領】

借上步及斜雲劍，使劍運行速度快起來，達到劈劍勢猛勁沉的目的。

(十四)進拗步崩劍

1. 重心前移，右腳前趟一大步，左腳跟進成左提步；同時，雙手左推右拉，使劍身直立回掛至右肩前，劍下刃向前；目視前方。（圖 2-4-27）

2. 動作不停。重心前移，左腳向前趟一大步，右腳跟進半步成左三體式；同時，雙手持劍，左拉右推，立刃向前崩劍，劍身高與肩平；目視劍前方。（圖2-4-28）

圖 2-4-28

【要領】

左推右拉回帶掛劍是一防守動作，由劍面粘掛住對方器械，回掛時劍身要掩住右肩。崩劍要借助前趟後蹬腿力，劍身內含推、搓、劈、刺勁力，以表現形意劍的迅猛剛實一面。

(十五)進順步炮劍

1. 重心前移，左腳墊上一步，右腳跟進成右提步；同時，左手變訣，扶於右前臂中節；右手劍向身左側回掛劍至左肩前方，劍下刃向身後；目視前方。（圖2-4-29）

圖 2-4-29

2. 動作不停。右腳前趟一大步，左腳跟進成右炮拳步；同時，左訣不動；右手劍在身左側繼續下掛一周後，向右腳前上方裏旋反手撩劍，劍下刃向前，劍高與肩平；目視劍前方。（圖 2-4-30）

圖 2-4-30

【要領】

提步左掛劍也是防守動作，要掩住左肩。進步炮劍要借助腿蹬趟和左臂掛劍慣性，內含推、搓、撩勁力。

(十六)退步轉身掛劍

1. 重心落右腿，左腳後撤一步成右弓步；同時，左訣不動；右手劍在身左側裏下掛一周，使劍下刃向前，劍高與肩平；目視劍前方。（圖 2-4-31）

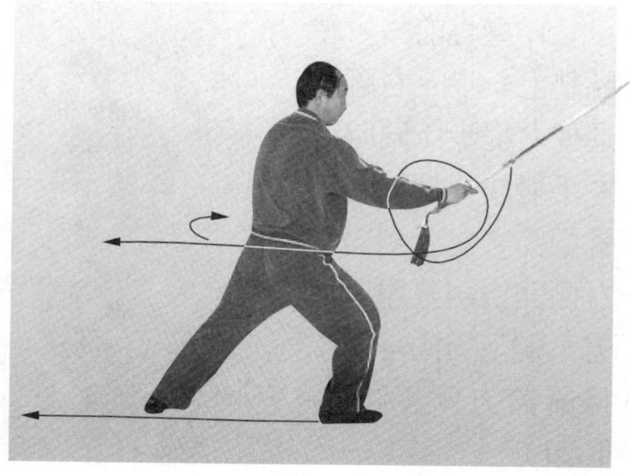

圖 2-4-31

2. 動作不停。借重心後移，上身右轉，右腳向身後撤一大步，隨之左腳以腳跟為軸，裏扣腳尖成內八字步；同時，右手劍外下掛一周後，立刃拉劍柄至腹前；目視左肩前方。（圖 2-4-32）

圖 2-4-32

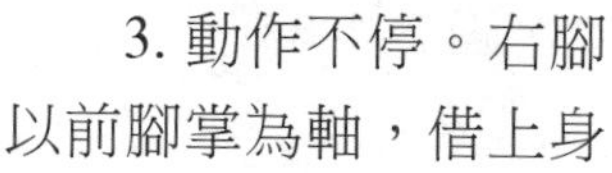

3. 動作不停。右腳以前腳掌為軸，借上身右轉，左腳弧行裏扣步，向身後方向上一步成內八字步；同時，右手劍下弧線上掛劍至臉前頭上後，右劍再上弧行向前進方向劈劍，左訣亦同時向身後指訣；目視劍前方。（圖 2-4-33）

圖 2-4-33

【要領】

（1）退步轉身掛劍要求腳下靈活，表現「步隨身換」的技法。

（2）外下掛及上分劍要求貼身走出立圓。

（十七）三體式抽劍

圖 2-4-34

動作不停。重心後移，上身右轉，右腳向身後撤一大步，左腳亦隨之後撤成左三體式；同時，右手劍外下掛一周後，回拉至右胯後方，劍尖向前，劍立刃；左訣經心口向前伸出，訣高與胸平；目視前方。（圖 2-4-34）

（十八）疾步獨立刺劍

1. 重心前移，右腳並靠左腳同時，左腳踏跳向前落步，右腳落左腳原處；同時，右劍不動；左訣在臉前順時針繞訣一周，訣指向前，高與肩平；目視前方。（圖 2-4-35）

2. 動作不停。重心前移，右腳向前裏扣腳尖上一步，隨之左腳勾腳尖正提膝；同時，右手劍邊外旋邊向前平刃直刺，劍高與肩平；左訣隨之下落於右肘窩上側；目視劍前方。（圖 2-4-36）

【要領】

疾步要輕靈，提膝獨立身要直立，定勢要穩。

圖 3-4-35

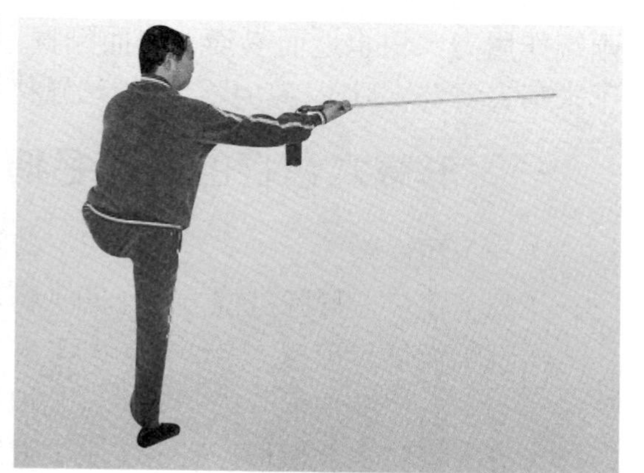

圖 3-4-36

形意六合劍的前半趟講解完，後半趟只是動作相同、方向相反演練。待練到起勢位置的疾步獨立刺劍，再接轉身順步劈劍後方可收勢，後半趟至此文字、圖片省略。

(十九)收　式

形意六合劍的收勢與形意五行劍的收勢相同，故文字、圖片省略。

第五節　形意六合棍

形意六合棍是從形意傳統套路——六合拳中變化出來。形意拳的前身曾叫「心意六合拳」「六合拳」，這是指一拳種的名稱。這裏講的是形意傳統套路之一的套路名稱，應區別開來。

在這裏主要講形意六合棍的練法和要求，它除講究「內外三合」的「六合」外，還要求在進退，拗順、轉折中求得動作和勁力的合。該套路毫無「棍打一大片」的器械特點，而是利用腰、腹為支點，利用槓桿原理，加大棍兩端作用力，只求近而易變，快而剛實，充分體現形意棍不求華表聲勢，只求練功找勁的技法風格。

一、形意六合棍的動作名稱

（一）預備勢　（二）轉身順步劈棍
（三）跳步左提膝戳棍　（四）轉身進步劈棍
（五）後插步撩棍　（六）翻身劈棍
（七）右提膝抱棍　（八）抱棍弧行步
（九）提膝獨立舉棍　（十）進順式劈棍
（十一）進拗步炮棍　（十二）進步橫崩棍
（十三）上步戳棍　（十四）撤步轉身舞花棍
（十五）進步順式劈棍　（十六）跳步絞棍
（十七）提膝獨立戳棍　（十八）轉身進步劈棍
（十九）撤步轉身舞花棍　（二十）退步架棍
（二十一）收勢

二、形意六合棍的動作說明

形意六合棍套路的前半趟與後半趟動作相同，故本節只講解前半趟、回頭及收勢。

(一)預備勢

1. 身體成立正姿勢，沉肩頭頂，周身放鬆；左手食指、拇指持棍，中指、無名指、小指抵在棍上，使棍垂直立於身左側；右手成掌形，自然垂於右胯旁；目視前方。（圖 2-5-1）

2. 身體及左手持棍不動；右掌由身右側擺起後，沿身側臉前弧行下按至左腋前；目視左肩前方。（圖 2-5-2）

【要領】

（1）持棍左手高低位置得當，以防抬肘翹肩。

（2）眼睛隨擺動的右掌轉動。

圖 2-5-1

圖 2-5-2

(二)轉身順式劈棍

1. 借身體右轉，左腳以前腳掌為軸，右腳向前進相反方向後撤一步成左三體式；同時，右手握棍，左手下捋把，使棍梢貼身前向前下掛棍至右肋旁；目視後把前端。（圖 2–5–3）

2. 動作不停。重心前移，右腳前趟一大步，左腳跟進半步成右三體式；同時，右手下捋把，使棍梢貼身左側立圓掛棍一周後，左把下捋棍後端至左腹前，右手持棍身上弧線下落，使前端向右腳前上方劈棍，棍梢高不過胸；目視棍梢前方。（圖 2–5–4）

【要領】

（1）進步掛棍要步、棍協調。

（2）掛棍要求左右立圓貼身。

（3）右劈棍要求上下相隨，右手持棍弧行下劈與右腳

圖 2–5–3

圖 2-5-4

踩落叫齊，以求力達棍前端。

（三）跳步左提膝戳棍

1. 重心前移，右腳前墊一腳後，兩腳同時踏跳向前上方縱跳，在騰空時左腳併靠右腳，落地時成重心在左腿的橫襠步；同時，兩手握棍不動，順時針螺旋鉸拉棍，使棍梢在右腳前上方順時針絞出半圈；目視棍梢前方。（圖 2-5-5）

圖 2-5-5

圖 2-5-6

2. 動作不停。重心前移右腿獨立，左腳勾腳尖正提膝；同時，右手鬆握棍身，左手持後把端向前戳棍，棍高與肩平；目視棍梢。（圖 2-5-6）

【要領】

（1）跳步要求輕靈，並與順時針絞棍協調一致。

（2）左腳尖與前進方向成右 90°夾角，右腳獨立要求膝蓋微屈，左正提膝要求膝高過胯。

（3）提膝戳棍要上下協調，力達棍梢端。

(四)轉身進步劈棍

1. 身體左轉，左腳外擺腳尖向前進方向落步；同時，兩手邊先右後左向上捋把至棍中間，邊上弧線貼身左側下掛棍；目視前方。（圖 2-5-7）

2. 動作不停。右腳前趟一大步，隨即左腳跟進半步成

圖 2-5-7

右三體式；同時，兩手配合，使棍前端貼身左側立圓掛棍一周後，左手下捋把至後把端回收至左腹，右手持棍中間向前劈棍，棍高與肩平；目視前方。（圖 2-5-8）

圖 2-5-8

圖 2-5-9

【要領】

（1）左轉身左擺腳與兩手配合貼身左側立圓掛棍要協調。

（2）借助上步，後捋左把，下劈右把，使劈棍勁達棍前端。

(五)後插步撩棍

1. 重心後移，上身右擰，右腳後撤一步成左三體式；同時，兩手配合，使棍貼身右側順時針立圓下掛一周後，成右手持把前端在前，左手持把後端疊夾在右腋下，棍高與胸平；目視前方。（圖 2-5-9）

2. 動作不停。重心前移，身體左擰，右腳裏扣腳尖前上一步，成重心側重落於左腳的橫襠步；同時，左手下捋把，兩手持棍，貼身右側上弧線掛棍一周，使棍前端掛至右膝前方；目視棍前端。（圖 2-5-10）

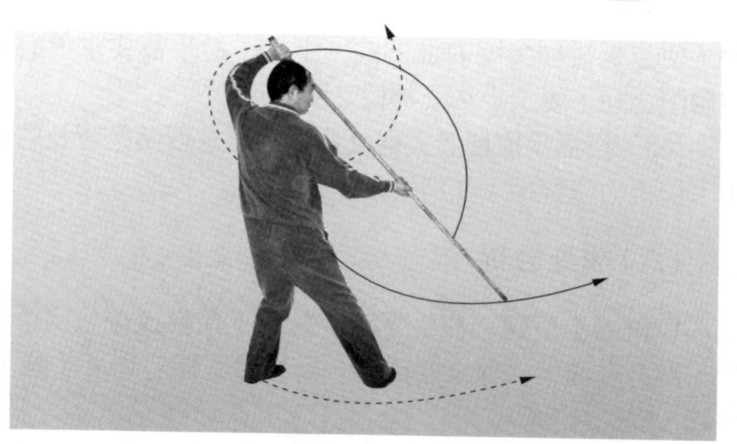

圖 2-5-10

3. 動作不停。上身左擰，左腿屈膝向前進方向插上一步，左腳跟翹起成左後插步；同時，兩手持棍，貼身前上弧線掛棍後，右手單手持棍，向前方撩棍，棍梢高與膝平；左手變掌，擺至左耳側頭上，左手指尖向前進方向；目視棍尖前方。（圖 2-5-11）

圖 2-5-11

【要領】

（1）圖 2-5-9 兩把疊棍時，兩手握棍間距要找好。在此動作前，左手應適當地向上捋把。

（2）退步成左三體式前，左腳以前腳掌為軸，外擺腳

跟，使定勢後腳尖朝前進方向。上步、撤步都要求重心和轉體配合好，要求步法既勢穩又流暢輕快。

（3）後插步撩棍過去稱反背棍，要求棍貼後背及右臂後，撩棍力達棍梢，並與後插步叫齊。

(六)翻身劈棍

1. 後插步不動；左手下穿至右腋下接棍後端，兩手持棍，貼身右側下弧線立圓掛棍一周；目視棍前端。（圖 2–5–12）

2. 動作不停。以右腳跟、左腳尖為軸，左翻身轉體後，右腳前趟一大步，左腳跟進半步成右三體式；同時，兩手持棍，上弧線向前掄劈棍，左後把回收貼於左腹，棍梢與肩平；目視前方。（圖 2–5–13）

【要領】

（1）貼身右側立圓掛棍要與左翻身轉體協調一致。

圖 2–5–12

圖 2-5-13

（2）翻身上步劈棍要求在腰力的協調下，右腳前趟要遠，並要力達棍梢。

（七）右提膝抱棍

1. 右腳向前進方向右 45°外擺腳尖墊上一步；同時，上弧線掛棍梢至身後，使右手持棍中節落於腰右側，後把端前撩至同肩高；目視後把端。（圖 2-5-14）

圖 2-5-14

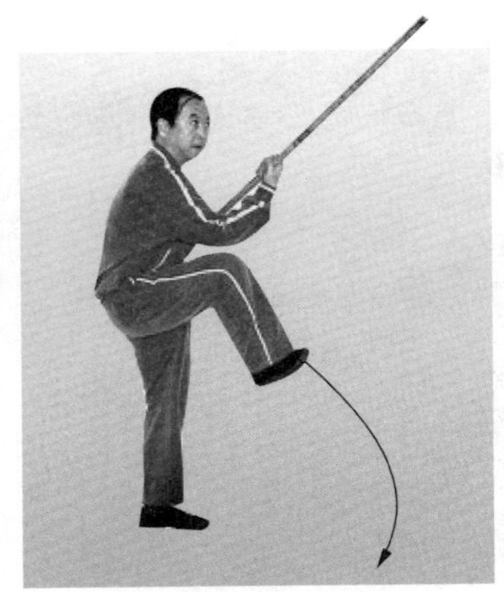

圖 2-5-15

圖 2-5-16

2. 動作不停。左腳向右腳跟處跟進後，重心落在略屈膝獨立的左腿上，右腿正勾腳尖提膝過胯；同時，兩手配合，下弧線從身後右側向前掛撩棍，成左手持後把端貼左胯旁、棍梢高於頭的抱棍；目視棍前端。（圖 2-5-15）

【要領】

（1）該動作應注重身法，柔中含剛。

（2）抱棍棍身與地面傾斜角約 45°。

(八)抱棍弧行步

1. 右腳外擺腳尖，向左腳的右前方落步；兩手抱棍不動；目視棍前端。（圖 2-5-16）

2. 動作不停。借身體右擰，左腳向前方相反方向弧行裏扣步；兩手抱棍不動；目視棍前端。（圖 2-5-17）

3. 動作不停。繼續借重心前移，身體右擰，外擺右腳弧行邁上一步；兩手抱棍不動；目視棍前端。（圖 2-5-18）

圖 2-5-17

圖 2-5-18

【要領】

（1）弧行走三步，間距應一致，身體不得有起伏。

（2）三步正好在前進方向右側向回走出半個圓。

(九)提膝獨立舉棍

1. 借上身右擰，右腳以前腳掌為軸，左腳裏扣腳尖向前進相反方向扣撤一步成右弓步；兩手抱棍不動；目視棍前端。（圖 2-5-19）

2. 動作不停。借重心後移，上身右擰，右腳經左腳裏側後撤一步，右腿略屈膝獨立，左腳勾腳尖正提膝過胯；同時，雙手持棍，下弧線貼身右側立圓掛棍至右肩前，成棍身與地面垂直的舉棍；目視前進方向。（圖 2-5-20）

【要領】

（1）立圓掛棍至舉棍中，右手隨棍運行需要時而上捋時而下捋。

圖 2-5-19

圖 2-5-20

（2）要求撤右腳、提左膝與掛棍後的獨立舉棍（舊稱「舉火燒天」）上下相隨協調。

圖 2-5-21

(十)進順式劈棍

1. 左腳向前落步，右腳跟進成右提步；同時，兩手向棍身中節捋把，使棍貼身左側立圓掛棍；目視前方（圖 2-5-21）。

2. 動作不停。右腳前趟一大步，左腳跟進半步成右三體式；同時，身右側掛棍一周後向前劈棍，棍梢高與肩平；目視前方（圖 2-5-22）。

圖 2-5-22

【要領】

（1）劈棍時

左手下捋把至後把，並手握後把貼左腹旁以借身力。

（2）右腳前趟踩落與劈棍要叫齊，以求力達棍前端。

(十一)進拗步炮棍

1. 重心前移，左腳前趟一步，右腳跟進成右提步；同時，兩手邊貼身左側倒把，邊上弧線掛棍；目視前方。（圖 2-5-23）

2. 動作不停。右腳前趟一大步，左腳跟進半步成右炮拳步；同時，兩手持棍，下弧線向前撩炮棍；目視前方。（圖 2-5-24）

【要領】

（1）借助上步，棍、腳齊到發出炮棍的勁力。

（2）倒把流暢，掛棍炮棍時，左手隨需要上下捋把，炮棍定勢時右手握後把，虎口貼右額處。

圖 2-5-23

圖 2-5-24

(十二)進步橫崩棍

右腳前墊一步，左腳前趟一大步後，右腳再跟進半步成左三體式；同時，兩手持棍，向右順時針畫弧下壓至同胸高，兩手合力使棍向左橫崩棍，右手後把貼於左腋下，使棍前端向左產生一橫力；目視前方。（圖 2-5-25）

圖 2-5-25

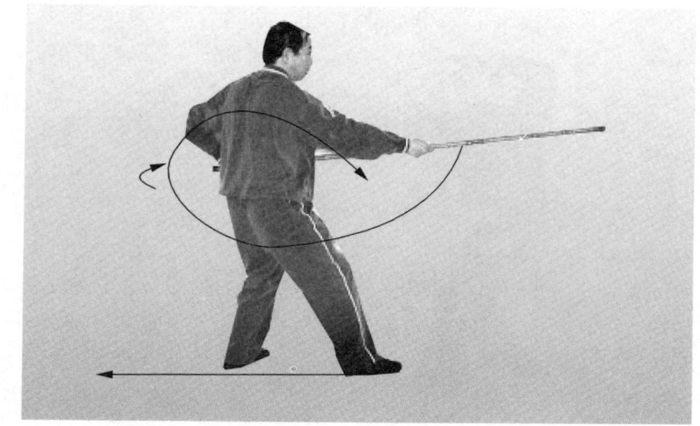

圖 2-5-26

【要領】

炮棍、橫棍具體練法和要求詳見《尚派形意拳械》第二輯。

(十三)上步戳棍

借助重心前移，上身左擰，右腳前趟一大步，左腳跟進半步成右三體式；同時，左手活把，右手持棍後端，向前戳棍後變活把，左手持後把回拉至左腹旁，棍梢高與肩平；目視前方。（圖 2-5-26）

【要領】

戳棍力達棍尖，回拉左後把要求流暢輕快。

(十四)撤步轉身舞花棍

1. 重心後移，上身右擰，右腳後撤一步，隨之左腳裏扣腳尖成高馬步；同時，棍貼身前下弧線掛棍一周，使兩

臂左下右上疊於胸前；目視棍梢前方。（圖 2-5-27）

圖 2-5-27

2. 動作不停。繼續借右轉身，右腳以前腳掌為軸，左腳裏扣腳尖，經右腳前向後方弧形扣上一步，成重心側重右腿的橫襠步；同時，下弧線立圓貼身前掛棍一周，使左手持後把貼左胯旁，右手持棍前半部至右肩前上方；目視棍前端。（圖 2-5-28）

3. 動作不停。借重心後移，上身右擰，右腳後撤一

圖 2-5-28

步，略屈膝獨立，左腳勾腳尖正提膝過胯；同時，雙手持棍，下弧線貼身右側立圓掛棍至右肩前，成棍身與地面垂直的舉棍；目視前方。（圖 2–5–29）

【要領】

（1）連續撤步間距合適一致，並與轉身協調。

（2）立圓貼身舞花棍路線流暢，隨棍運行需要調整兩手持棍位置。

圖 2–5–29

（十五）進步順式劈棍

1. 左腳向前落步，右腳跟進成右提步；同時，兩手向棍身中節捋把，使棍貼身左側立圓掛棍；目視前方。（圖 2–5–30）

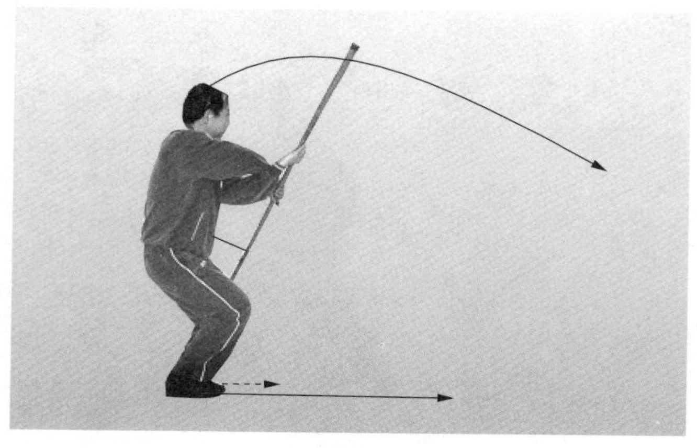

圖 2–5–30

2. 動作不停。右腳前趟一大步；左腳跟進半步成右三體式；同時，掛棍一周後向前劈棍，棍梢高與肩平；目視前方。（圖 2-5-31）

圖 2-5-31

【要領】

（1）劈棍時左手下捋把至棍後端，握把手貼左腹旁，以使棍借身力。

（2）右腳前趟踩落與劈棍要叫齊，以求力達棍前端。

（十六）跳步絞棍

重心前移，右腳踏跳，先左後右腳向前竄跳一步成右三體式；同時，兩手握棍，上弧線順時針絞棍梢一周；目視前方。（圖 2-5-32）

圖 2-5-32

【要領】

絞棍動作勁力與形意崩槍相似，棍身貼腹為支點，兩把呼

圖 2-5-33

應邊絞邊回拉，使棍前端內含崩槍勁。

（十七）提膝獨立戳棍

動作不停。右腳尖裏扣，重心前移，右腿獨立，左腳勾腳尖提膝過胯；同時，右手活把，左手持把後端向前戳棍，棍梢高不過頭；目視前方。（圖 2-5-33）

【要領】

提膝要穩，並與戳棍同動同停。

（十八）轉身進步劈棍

1. 身體左轉，左腳外擺腳尖向回頭後前進方向落步；同時，兩手先右後左向上捋把至棍中間，上弧線貼身左側立圓下掛棍；目視前方。（圖 2-5-34）

2. 動作不停。右腳前趟一大步，隨即左腳跟進半步成右三體式；同時，兩手配合使棍貼身左側立圓掛棍一周

圖 2-5-34

後，左手下捋至後把端回收至左腹，右手持棍中節向前劈棍，棍高與胸平；目視前方。（圖 2-5-35）

至此形意六合棍前半趟及轉身回頭講解完，若接練下半趟，只是動作相同，方向相反的演練，需練後插步撩

圖 2-5-35

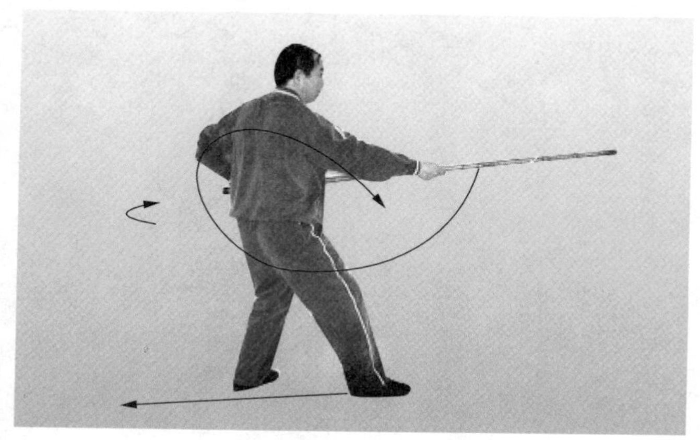

圖 2-5-36

棍、翻身劈棍……待練到與起勢動作同方向的圖 2-5-36 時，方可接收勢的三個動作。

（十九）撤步轉身舞花棍

1. 重心後移，上身右擰，右腳後撤一步，隨之左腳裏扣腳尖成高式馬步；同時，棍貼身前下弧線掛棍一周，使兩臂左下右上疊於胸前；目視棍梢前方。（圖 2-5-37）

圖 2-5-37

2. 動作不停。繼續借右轉身，右腳以前腳掌為軸，左腳裏扣腳尖，經右腳前向後方弧行扣上一步，成重心側重右腿的橫襠步；同時，下弧線立圓貼身前掛棍一周，使左手持後把貼左胯旁，右手持棍前半部至右肩前上方；目視棍前端。（圖 2-5-38）

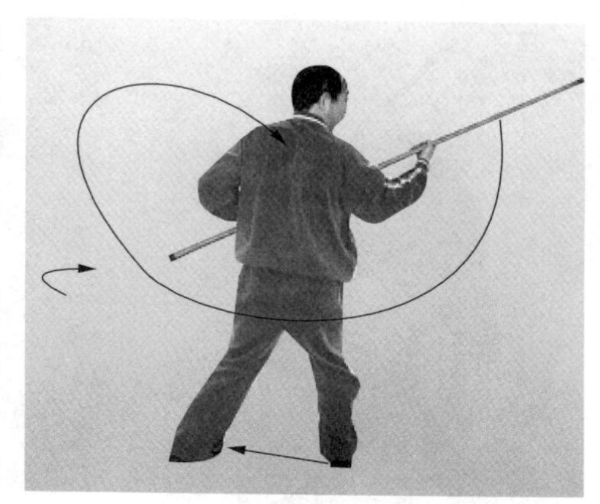

圖 2-5-38

【要領】

（1）撤步時間距要合適，並與轉體協調一致。

（2）立圓貼身舞花棍運動路線應流暢，隨棍運行需要調整兩手持棍位置。

(二十) 退步架棍

1. 動作不停。借上身右擰，重心後移至左腿，右腳撤提靠在左踝裏側成右提步；同時，兩手持棍弧行絞壓下蓋把；目視前方。（圖 2-5-39）

圖 2-5-39

圖 2-5-40

圖 2-5-41

2. 動作不停。借重心後移，右腳向後搓落一步，左腳隨之略撤成左三體式；同時，兩手持棍，向臉前上方推架棍；目視前方。（圖 2-5-40）

【要領】

（1）撤步轉身舞花棍與退步架棍應連貫，一氣合成。

（2）架棍時棍身與地面成 45°夾角，兩臂肘應略屈。

(二十一) 收　勢

裏扣左腳尖，重心前移左腿，隨右腳並靠左腳成立正姿勢；同時，兩手持棍下落，使棍身垂直立於左腳外側，左手持棍，右手變掌回落於身體右側；目視前方。（圖 2-5-41）

【要領】

動作過程要沉穩，精神專注。

第六節　形意六合槍

形意六合槍是從形意傳統套路——六合拳中變化出來。形意拳的前身曾叫「心意六合拳」「六合拳」，這是指一拳種的名稱。這裏講的是形意傳統套路之一的套路名稱，應區別開來。

在這裏主要講形意六合槍的練法和要求，它除講究「內外三合」的六合外，還要求在進退、拗順、轉折中求得動作和勁力的合。該套路看似動作簡單，真正認識進去會感到其勁力是很豐富的，充分體現形意「槍紮一條線，槍空勁中變」的技法特點。

一、形意六合槍的動作名稱

（一）預備勢　　（二）順步劈槍
（三）跳步提膝刺槍　　（四）轉身進步劈槍
（五）後插步挑槍　　（六）翻身劈槍
（七）提膝抱槍　　（八）弧行步抱槍
（九）弓步刺槍　　（十）提膝反點槍
（十一）進順式劈槍　　（十二）拗步炮槍
（十三）進步橫崩槍　　（十四）進拗步橫槍
（十五）進退步穿拉槍　　（十六）轉身舞花槍
（十七）轉身弓步刺槍　　（十八）跳步提膝刺槍
（十九）轉身進步劈槍　　（二十）轉身舞花槍
（二十一）退步架槍　　（二十二）收勢

二、形意六合槍的動作說明

形意六合槍的套路前半趟與後半趟動作相同，故本節只講解前半趟及收勢。

(一)預備式

圖 2-6-1

1. 面向前進方向右 90°成立正姿勢站立，頭頂肩沉，全身自然放鬆；左手食拇指扣槍桿，其中指、無名指、小指抵在槍桿上，使槍桿垂直立於身左側。右手呈掌形，自然垂於右胯旁；目視前方。（圖 2-6-1）

2. 身體及左手持槍不動，右掌由身右側上擺起後，沿身右側貼臉前弧行下按至左腋前；目視左肩前方。（圖 2-6-2）

【要領】

（1）持槍左手高低位置得當，防止撅肩翹肘。

（2）眼睛隨擺動的右掌轉動。

(二)順步劈槍

右腳向右肩方向上一步成右三體式；同時，右手持槍桿中節，上弧線向右腳前上方下劈，左手下捋把至槍後把端，收至右腹前；目視槍尖前方。（圖 2-6-3）

圖 2-6-2

圖 2-6-3

【要領】

練習此劈槍時，右手在左腋下接槍後馬上上提槍，使左手能捋至槍桿後把端，接著隨槍身下劈，右手也應適當地下捋把，使槍桿前端產生更大的下劈力。

(三)跳步提膝刺槍

1. 重心前移，右腳踏跳，使左腳尖外擺向前落一步；同時，兩手持槍桿，以腹前為支點，做順時針形意崩槍；目視前方。（圖 2–6–4）

圖 2–6–4

2. 動作不停。右腳裏扣腳尖前上一步，略屈膝獨立，隨即左腳勾腳尖提膝過胯；同時，右手活把，左手持後把向前平刺槍；目視槍尖。（圖 2–6–5）

圖 2–6–5

【要領】

（1）形意崩槍與長拳攔槍近似，並與輕靈的跳步協調一致。

（2）提膝獨立要穩，與刺槍同動同停。

(四)轉身進步劈槍

1. 身體左轉，左腳外擺腳尖向前進方向上一步；同時，右左兩手先後向槍桿中節串把，並向左腳前方上弧線掛槍；目視前方。（圖 2–6–6）

2. 動作不停。借重心前移，上身左擰，右腳向前趟進一大步，左腳跟進半步成右三體式；同時，兩手配合，使槍尖貼身左側立圓掛槍一周後，左手下捋槍至後把端回拉至腹前，右手上弧線向前下壓，使槍前端產生下劈勁；目視前方。（圖 2–6–7）

【要領】

1. 左轉身左外擺腳要與兩手配合的掄掛槍協調一致。

2. 右腳上步與劈槍要槍、腳齊到。

圖 2–6–6

圖 2-6-7

(五)後插步挑槍

1. 重心後移，右腳後撤一步成左三體式；同時，兩手配合，使槍尖端經身右側上方斜擺至身後；目視前方。（圖 2-6-8）

圖 2-6-8

2. 動作不停。借重心前移，身體左轉，右腳裏扣腳尖，向前弧行扣上一步，成重心側重左腿的橫襠步；同時，兩手配合，斜擺槍至右腳尖後，做一逆時針形意扣槍，槍尖低於膝蓋；目視槍尖。（圖 2–6–9）

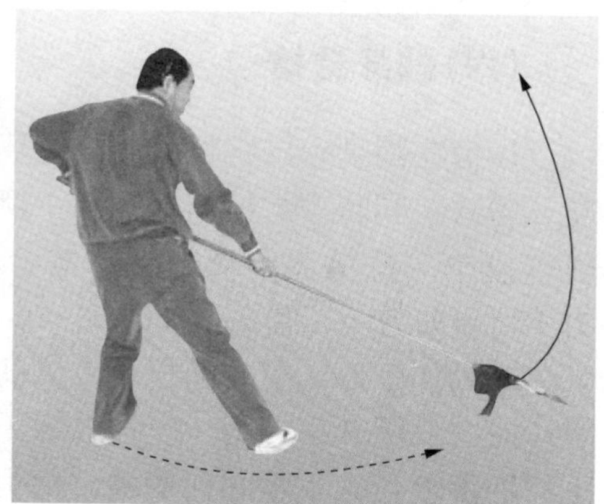

圖 2–6–9

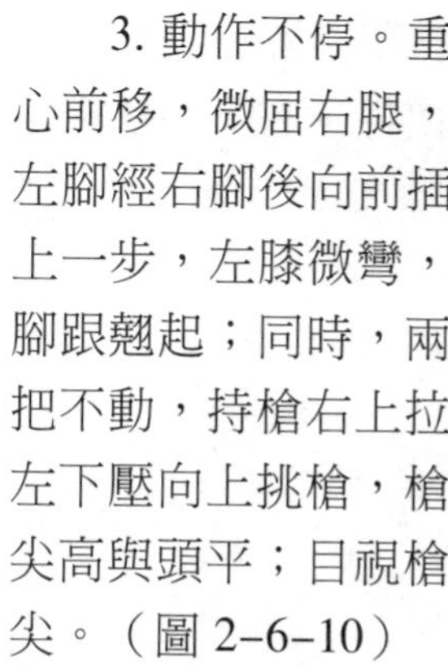

3. 動作不停。重心前移，微屈右腿，左腳經右腳後向前插上一步，左膝微彎，腳跟翹起；同時，兩把不動，持槍右上拉左下壓向上挑槍，槍尖高與頭平；目視槍尖。（圖 2–6–10）

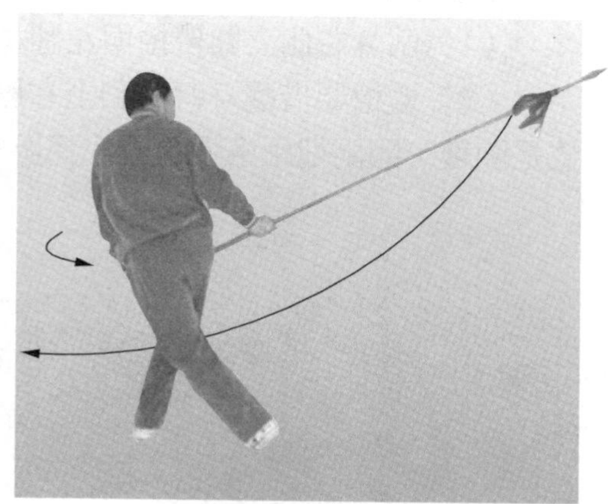

圖 2–6–10

【要領】

（1）後擺槍、前扣槍都應連貫輕靈，與退上步協調一致。

（2）後插步挑槍舊名稱「鐵牛耕地」，表現形意定把的發勁特色。

(六)翻身劈槍

1. 借左翻身，以右腳跟、左腳掌為軸，左轉體 180°成左三體式；同時，上捋右把，兩手持槍，貼身右側立圓下弧線擺槍，使槍尖向身後斜下方，左手後把拉至頭前上方；目視前方。（圖 2-6-11）

2. 動作不停。重心前移，右腳前趟一大步，左腳跟進半步成右三體式；同時，左把弧線下落至左腹旁，右把邊下捋把邊上弧線下壓向前劈槍，槍尖高與胸平，力達槍桿前端；目視前方。（圖 2-6-12）

【要領】

（1）貼身右側立圓帶槍與左翻身轉體協調一致。

（2）劈槍要借翻身轉體和上右腳慣性，右下捋把後定位是關鍵，因兩把距離過大過小都影響劈槍效果。

圖 2-6-11

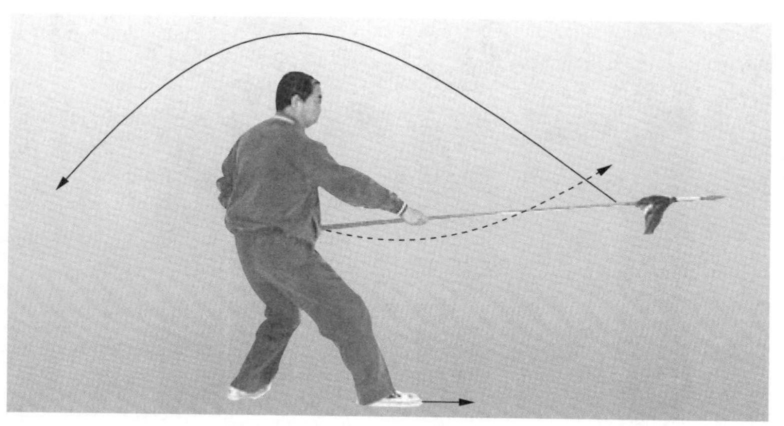

圖 2-6-12

(七)提膝抱槍

1. 右腳外擺腳尖前墊一腳，隨之左腳跟抬起；同時，兩手配合，在身右側上弧線斜擺槍尖至身後，左手後把隨之撩起至肩平；目視前方。（圖 2-6-13）

圖 2-6-13

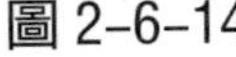

圖 2-6-15

2. 動作不停。左腳前上一步略屈膝獨立，右腿隨即勾腳尖正提膝過胯；同時，兩手在身右側下弧線擺槍尖至臉前上方；目視槍尖。（圖 2-6-14）

【要領】

（1）該動作要求舒展大方，柔中含剛。

（2）臉向前進方向右 45°，槍身與地面夾角 45°。

(八)弧行步抱槍

1. 右腳外擺腳尖向左腳的右前方落步；兩手持槍不動；目視前方。（圖 2-6-15）

2. 動作不停。借身體右擰，左腳向前進相反方向弧行扣上步；兩手持槍不動；目視前方。（圖 2-6-16）

3. 動作不停。繼續借重心前移，身體右擰，右腳尖外擺弧行邁出一步；兩手抱槍不動；目視前方。（圖 2-6-

圖 2-6-16

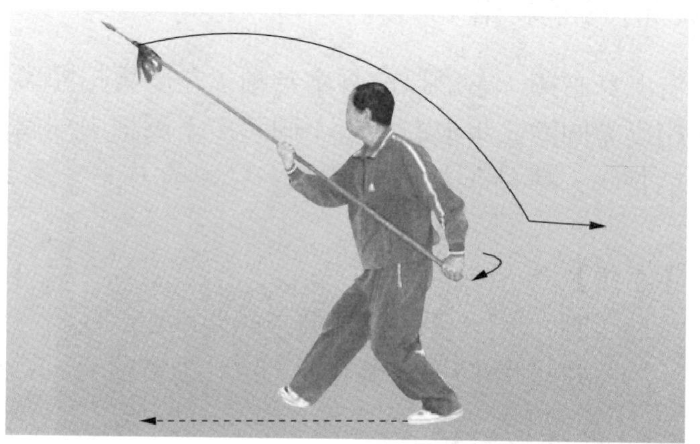

圖 2-6-17

17）

【要領】

（1）弧行走三步間距應一致，身體不得有起伏。

（2）弧行三步正好在前進方向右側向回走出半個圓。

圖 2-6-18

(九)弓步刺槍

借上身右擰，右腳以前腳掌為軸，左腳裏扣腳尖，向前進相反方向撤一步成右弓步；同時，下壓槍尖同肩高，右手活把，左手持後把向前刺槍；目視前方。（圖 2-6-18）

【要領】

（1）該動作弓步要比長拳要求的要小和高些。

（2）左把刺槍時要撞擊右把，以利力貫槍尖。

(十)提膝反點槍

1. 重心後移，右腳後撤一步成左三體式；同時，右把邊上捋槍桿邊在身右側下弧線斜拉槍，使槍尖向身後，槍桿高與胸平；目視槍尖。（圖 2-6-19）

2. 動作不停。左腳勾腳尖正提膝過胯，右腿膝蓋微屈

圖 2-6-19

獨立；同時，左手持後把下弧擺至右腋下，右手邊下捋邊上弧線擺臂，使兩臂在胸前相疊，右上左下，使槍尖立圓上弧線擺至前方點槍；目視槍尖方向。（圖 2-6-20）

圖 2-6-20

【要領】

（1）借慣性擺槍路線要流暢。

（2）右手下壓與左上臂上抬力相抵，以使點槍力達槍尖，點槍槍尖波動在肩高左右。

圖 2–6–21

(十一)進順步劈槍

1. 左腳外擺腳尖向前落步；同時，兩手邊先右後左向上捋把至槍身中節，邊貼身左側立圓掛擺槍；目視前方。（圖 2–6–21）

2. 動作不停。右腳前趟一大步，左腳跟進半步成右三體式；同時，槍尖擺至頭上時，左手邊捋把至後把端，邊回拉收至左腹旁，右手上弧行前壓向前劈槍，槍高與胸平，力達槍前端；目視前方。（圖 2–6–22）

【要領】

（1）圖 2–6–21 中左腳落步，要使兩腳跟在前進方向同一直線上。

（2）劈槍要借擺槍和上步慣性。

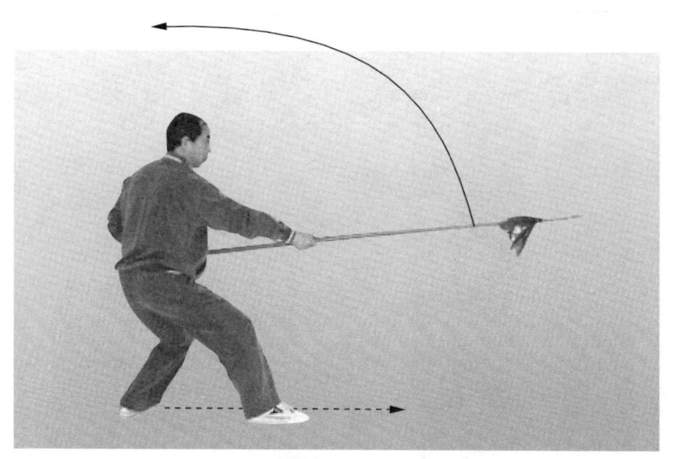

圖 2-6-22

(十二)進拗步炮槍

1. 重心前移，左腳上一步；同時，先上捋右把，再兩手配合倒把貼身左側上擺槍；目視前方。（圖 2-6-23）

圖 2-6-23

圖 2-6-24

2. 動作不停。右腳前趟一大步，左腳跟進半步成右炮拳步；同時，邊左手下捋把，邊與右手合力弧線向前上方撩炮槍；目視前方。（圖 2-6-24）

【要領】

（1）擺槍、倒把要求流暢。

（2）炮槍勁力要求參看《尚派形意拳械》第二輯。

(十三) 進步橫崩槍

1. 重心前移，右腳前墊一步，左腳跟進成左提步；同時，兩手持槍，從左向右順時針畫弧下壓至胸高；目視前方。（圖 2-6-25）

2. 動作不停。左腳前趟一步，右腳跟進半步成左三體式；同時，左手向左，右手向右發橫槍勁，使槍前端產生向左的一橫力，槍高與肩平；目視前方。（圖 2-6-26）

圖 2-6-25

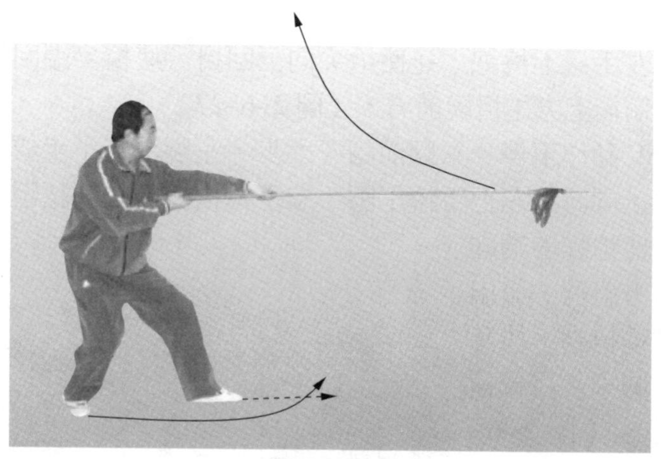

圖 2-6-26

【要領】

借助圈槍和上步慣性，槍、腳齊到發橫崩槍勁力。

(十四)進拗步橫槍

1. 重心前移，左腳前上一步，右腳跟進成右提步；同

圖 2-6-27

時，左手邊上捋把，邊使槍尖向上回掛，使槍尖端回拉至身左側後上方；目視前方。（圖 2-6-27）

2. 動作不停。右腳前趟一大步，左腳跟進半步成右橫拳步；同時，左把下捋下壓，右手持槍把後端回拉至右腹旁，使槍桿前端向前下方斜劈。發出形意橫槍勁，槍身高與胸平；目視槍前端。（圖 2-6-28）

圖 2-6-28

【要領】

橫槍借助腳的右趟左蹬及在身左側頭上斜圓圈槍的慣性。

(十五)進步穿拉槍

1. 右腳前墊一腳成右三體式；同時，先左活把，右手持後把向前刺槍，接著右手活把，左手持後把回拉至左腹旁，槍尖高不過肩；目視前方。（圖 2–6–29）

2. 動作不停。重心前移，上身右擰，左腳前趟一大步，右腳跟進半步成左三體式；同時，先右活把，左手持後把向前刺槍，接著左手活把，右手回拉槍後把至右腹旁；目視前方。（圖 2–6–30）

3. 動作不停。右腳前上一步成右三體式；同時，先左手活把，右手持後把向前刺槍後，接著右手活把，左手持後把回拉至左腹旁；目視前方。（圖 2–6–31）

【要領】

（1）穿拉槍舊稱「腰串」，要求串把要靈活，前活把手回拉至後把時，持後把的手方可活把向上捋。

（2）穿拉槍時，兩手運動勁力應與槍身一致，在過程中槍尖不能抖動，以利身、械協調，勁力順達。

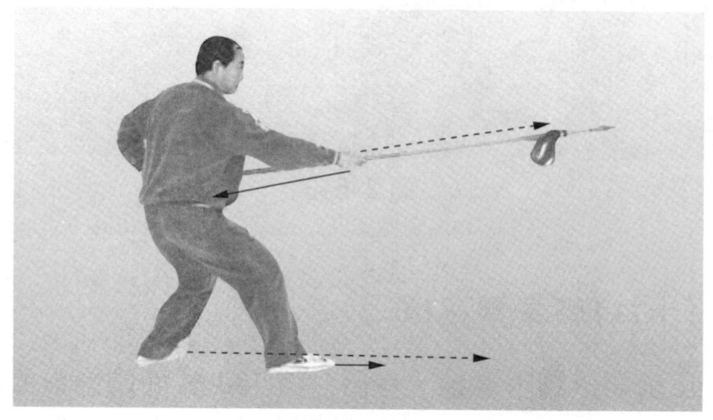

圖 2–6–29

圖 2-6-30

圖 2-6-31

(十六)轉身舞花槍

1. 兩腳以腳跟為軸，身體左轉 180°成面向後方的左三體式；同時，左手邊上捋把邊上弧線向身左側掛擺槍；目

視前方。（圖 2–6–32）

2. 動作不停。借重心前移左轉身，右腳裏扣腳尖上一步，成重心側重左腿的橫襠步；同時，兩手配合，在身左側立圓掛槍一周；目視槍前方。（圖 2–6–33）

圖 2–6–32

圖 2–6–33

【要領】

（1）轉身舞花槍要求身體轉動與立圓掛槍協調一致。

（2）打舞花時，右把在前，兩把間距不能大，也不能併在一起。

（十七）轉身弓步刺槍

1. 動作不停。借左轉身，左腳先併落於右腳裏側，隨之右腳提起成右提步；同時，兩手配合，下弧線掛擺槍至面向前進方向時，迅速弧行形意扣槍；目視前方。（圖 2-6-34）

2. 動作不停。重心前移，右腳前上一大步成右弓步；同時，右手活把，左手持後把向前刺槍，槍尖高與肩平；目視前方。（圖 2-6-35）

【要領】

（1）左轉身左震腳、右提步及左扣槍要協調一致。

圖 2-6-34

圖 2-6-35

（2）右弓步式略高，左膝略屈。

（十八）跳步提膝刺槍

1. 重心前移，右腳踏跳，使左腳尖外擺向前落一步；同時，兩手持槍，以腹前為支點，做順時針的形意崩槍；目視前方。（圖 2-6-36）

2. 動作不停。右腳裏扣腳尖向前上一步，略屈膝獨立，隨即左腳勾腳尖正提膝過胯；同時，右手活把，左手持後把向前側身直刺槍；目視槍尖。（圖 2-6-37）

【要領】

（1）形意崩扣紮與長拳攔拿紮相近，只是多一腹部支點，借助身力。

（2）跳步輕靈，獨立提膝要穩。

圖 2-6-36

圖 2-6-37

(十九)轉身進步劈槍

1. 身體左轉，左腳外擺腳尖向回頭前進方向上一步；同時，左右兩手先後向槍桿中節串把，並向左腳前上方弧

圖 2-6-38

線擺槍；目視前方。（圖 2-6-38）

2. 動作不停。借重心前移，上身左擰，右腳向前趟進一大步，左腳跟進半步成右三體式；同時，兩手配合，使槍尖貼身左側立圓掛槍一周後，左手下捋槍至後把端回拉至左腹前，右手上弧線向前下壓，使槍前端向前劈槍；目視前方。（圖 2-6-39）

【要領】

借左轉身擺上步要與掄掛槍協調一致，並腳、槍同動同停，發出劈槍整勁。

至此形意六合槍的前半趟及轉身回頭講解完。若接練下半趟，動作與前半趟相同，只是方向相反，須練後插步挑槍、翻身劈槍……待練到與起勢同方向的圖 2-6-40 動作時，方可接收勢的三個動作。

圖 2-6-39

圖 2-6-40

(二十)轉身舞花槍

1. 重心後移，上身右擰，右腳後撤一步，隨之左腳裏扣腳尖成高式馬步；同時，槍貼身前下弧線掛槍一周，使兩臂左下右上疊於胸前；目視槍尖前方。（圖 2-6-41）

圖 2-6-41

圖 2-6-42

2. 動作不停。繼續借右轉身，右腳以前腳掌為軸，左腳裏扣腳尖，經右腳前向後方弧行上一步成高式馬步；同時，下弧線立圓貼身掛槍一周，使左手持後把貼在左胯旁，右手持槍桿前半部至右肩前上方；目視槍尖。（圖 2-6-42）

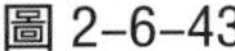
圖 2-6-43

圖 2-6-44

【要領】

（1）撤扣步間距要適當，並與轉體配合。

（2）立圓舞花掛槍應路線流暢，並隨槍的運動適當調整兩手持槍的位置。

（二十一）退步架槍

1. 動作不停。借上身右擰，重心後移至左腿，右腳撤提靠在左踝裏側成右提步；同時，兩手持槍，順時針弧行絞壓向前下蓋把；目視前方。（圖 2-6-43）

2. 動作不停。借重心後移，右腳向後搓落一步，左腳隨之略撤成左三體式；同時，兩手持槍，向臉前上方推架槍；目視前方。（圖 2-6-44）

【要領】

（1）撤步舞花槍與退步架槍應連貫演練，一氣呵成。

（2）架槍時，槍身與地面成 45°夾角，兩肘應略屈。

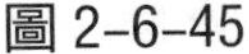
圖 2-6-45

圖 2-6-46

(二十二) 收 勢

1. 左腳裏扣腳尖，重心前移至左腿成橫襠步；同時，兩手持槍下落，使槍垂直立於左腳外側；目視槍桿。（圖 2–6–45）

2. 動作不停。右腳併靠左腳裏側，兩腿直立成立正姿勢，面向前進方向；同時，左手持槍，右手變掌回落於身體右側；目視前方。（圖 2–6–46）

【要領】

動作過程要穩重，精神專注。

第七節　形意搖轉刀

形意搖轉刀是以五行的劈、鑽、崩、炮、橫五種勁力（在《尚派形意拳械抉微》第二輯中已闡述）在上步、退

步及上步搖轉、退步搖轉、進步搖轉中得以展現的一個形意傳統器械套路。套路中注重雙手持刀，雖動作簡單，但銜接緊湊，勁力難求，充分反映了拳經「不知進退枉學藝」「若遇人多，三搖兩旋」的技法含義。

一、形意搖轉刀的動作名稱

（一）起勢　（二）格刀推掌
（三）退步提膝推掌　（四）上步崩刀
（五）左搖轉順劈刀　（六）退右歇步截刀
（七）進拗步崩刀　（八）左搖轉拗步橫刀
（九）右搖轉拗步橫刀　（十）左搖轉拗步劈刀
（十一）退步轉身右炮刀　（十二）進拗步鑽刀
（十三）右搖轉順步橫刀　（十四）進順步炮刀
（十五）進拗步鑽刀　（十六）半馬步提刀
（十七）退步左搖轉劈刀　（十八）進拗步崩刀
（十九）上步橫刀　（二十）左搖轉退步劈刀
（二十一）進步橫刀　（二十二）進步崩刀
（二十三）右轉身進步鑽刀　（二十四）退順步橫刀
（二十五）右轉身雲抹刀　（二十六）退步提膝推掌
（二十七）上步崩刀　（二十八）收勢

二、形意搖轉刀的動作說明

形意搖轉刀的前半趟與後半趟動作相同，方向相反，故本章講解前半趟、回頭和收勢。

動作一起勢、動作二格刀推掌與形意五行刀的動作相同，故文字省略。（圖 2-7-1～圖 2-7-4）

圖 2-7-1

圖 2-7-2

圖 2-7-3

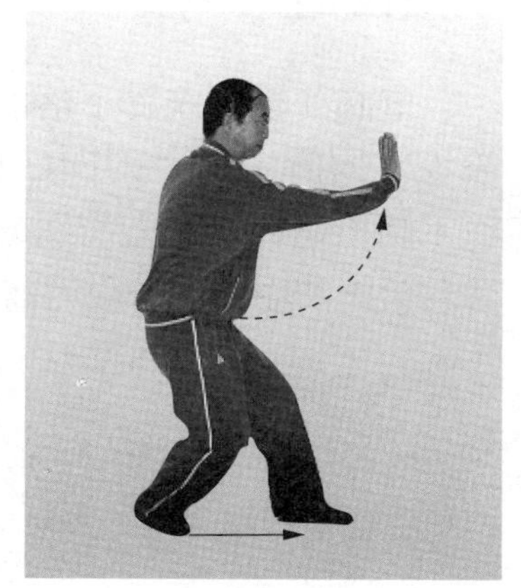
圖 2-7-4

(三)退步提膝推掌

1. 重心前移，右腳跟進提靠左腳裏踝成右提步；同時，左手持刀柄，弧線前上舉起，與肩同高；右手接刀；

目視刀柄。（圖 2–7–5）

2. 動作不停。重心後移，右腳後撤一步，左腳勾腳尖側提膝；同時，右手刀壓腕貼身裹腦一周後，回拉刀柄至右胯後方，刀立刃尖向前；左手變掌，下弧外旋回拉經心口，再裹旋上弧向前推掌，掌指向上，掌高與肩平；目視左掌前方。（圖 2–7–6）

【要領】

（1）撤步提膝獨立，要求獨立要穩，不得低頭彎腰。

（2）裹腦刀要求刀身立直貼身，左右掩住兩肩，經身後時刀背貼後背。

(四) 上步崩刀

重心前移，左腳下落前趟一步，右腳隨之跟進成左崩拳步；同時，右手刀向前推、搓、刺崩刀，刀立刃尖向前，高不過肩；右刀前崩的同時，左掌抓握刀柄後端，輔助右手向前崩刀；目視刀前方。（圖 2–7–7）

圖 2–7–5

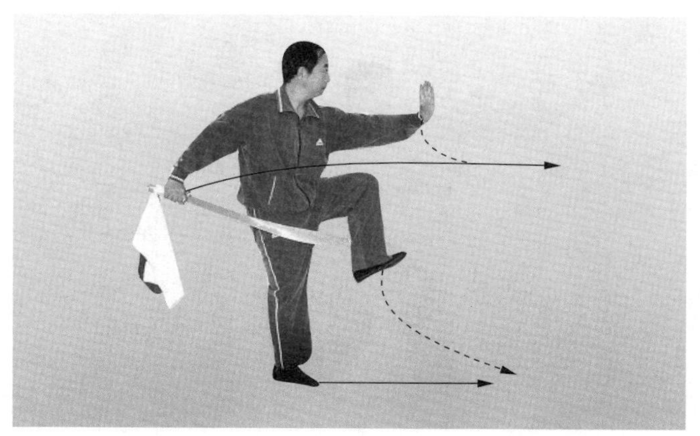
圖 2-7-6

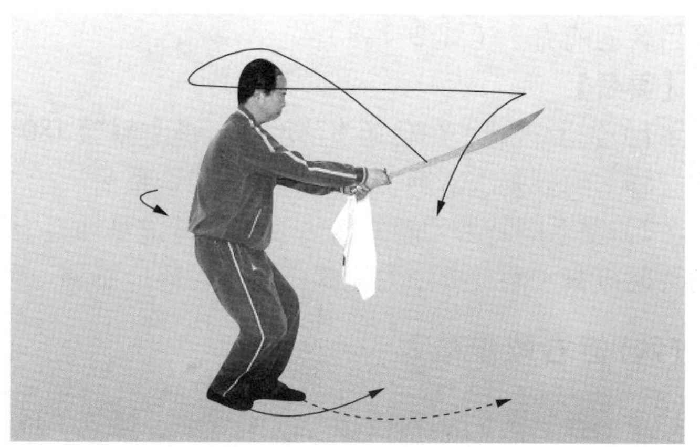
圖 2-7-7

(五)左搖轉順劈刀

借身體左轉 180°，兩腳向前先右後左倒上步，站成面向後方的右三體式；同時，雙手持刀纏頭後，向右腳前上方斜肩帶臂劈刀，刀尖向前，刀刃向左斜下，刀高與肩

圖 2–7–8

平；目視刀前方。（圖 2–7–8）

【要領】

（1）先上右腳，在右腳沒落地時，借左轉體 180°迅速擺撤左腳，兩腳要求落地一致，而且勢穩勁整。

（2）雙手同時持刀纏頭時，要求兩臂儘量抻直上舉，使刀背貼後背，而且要勁力流暢，與兩腳落地協調一致。

(六)退右歇步截刀

1. 重心後移，右腳向後撤一大步成左三體式；同時，左手變掌至左腳前上方，指尖向上，掌心向左；右手刀貼身右側下掛刀至右胯後方；目視刀前下方。（圖 2–7–9）

2. 動作不停。重心後移，左腳經右腳後向身右側插腳，腳跟翹起，兩腿下蹲成右歇步；同時，右刀貼身右側上弧線擺掛刀一周後，向身右側平刃截刀，刀身平高與胸齊；左掌亦同時下弧線穿掌至胸前，再外旋擺掌至左耳側

圖 2-7-9

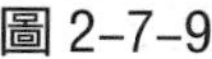

圖 2-7-10

頭上，掌心向上，指尖向右；目視刀身。（圖 2-7-10）

【要領】

要求兩臂運動路線貼身流暢，並與身體的起伏協調一致，力達整個刀刃中部。

(七) 進拗步崩刀

1. 兩腿微屈站立，重心前移，右腳前墊一步，左腳隨之跟進成左提步；同時，借上身左轉，右刀向右腳前刺刀，左掌下落抓握刀柄後端助力；接著隨右腳前墊，左腳跟進成左提步；兩手右拉左推，使刀身直立右肩前，刀刃向前；目視前方。（圖 2-7-11）

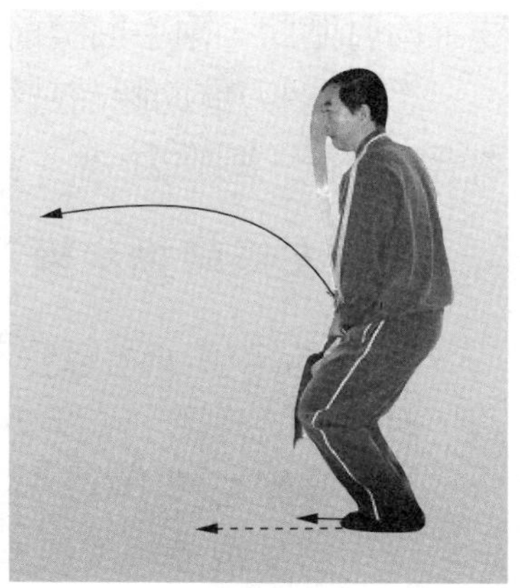

圖 2-7-11

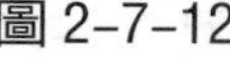

圖 2–7–12

圖 2–7–13

2. 動作不停。右腳後蹬，重心前移，左腳前趟一大步，右腳跟進成左崩拳步；同時，兩手右推左拉向前崩刀，刀高同肩平立刃；目視前方。（圖 2–7–12）

【要領】

（1）提步回掛刀時，要求以肘帶腕。右拉左推回掛，要求兩肘貼肋，兩手貼臍前，以身助力。

（2）崩刀借助腿前趟後蹬，並使刀與前腳叫齊，崩刀內含推、搓、刺勁力。

(八)左搖轉拗步橫刀

1. 重心後移，左腳提靠右踝裏側；同時雙手持刀纏頭，使刀背貼背後。（圖 2–7–13）

2. 借身體左轉 180°，右腳後蹬，重心前移，左腳前趟一大步，右腳跟進半步成左橫拳步；同時，雙手持刀，完成纏頭後部動作後，向左腳前上方斜刃橫刀，刀高與胸

圖 2-4-14

圖 2-7-15

平；目視刀尖前方。（圖 2-7-14）

【要領】

（1）左提步、左轉身 180°要借上身左轉和纏頭慣性，上身不能有仰俯。

（2）提步轉體時，以右腳跟為軸，左踝與右踝要併攏靠實。

(九) 右搖轉拗步橫刀

1. 借上身右轉，左腳裏扣腳尖，經右腳外側向後方繞上一步，右腳跟進成右提步；同時，雙手持刀，裹腦刀至背後；目視前進方向。（圖 2-7-15）

2. 動作不停。右腳向前方趟進一大步，左腳跟進成右橫拳步；同時，雙手持刀，經左肩下弧線向右腳前上方斜刃橫刀，刀高與胸平；目視刀尖前方。（圖 2-7-16）

圖 2–7–16

【要領】

（1）左腳裏扣向後方繞上步時，右腳以腳跟為軸，隨之略轉動。

（2）裹腦刀同樣要求兩臂儘量上舉抻直，使刀背貼後背，同時注意不得低頭彎腰。

(十)左搖轉拗步劈刀

1. 借上身左轉及纏頭慣性，右腳裏扣腳尖，經左腳外側向前繞上一步，左腳隨之跟進成左提步；雙手持刀纏頭，使刀背貼背後；目視前進方向。（圖 2–7–17）

2. 動作不停。重心前移，左腳前趟一大步，右腳跟進成左三體式步；同時，雙手持刀，經右肩向前下立刃劈刀，刀高與肩平；目視刀前方。（圖 2–7–18）

【要領】

（1）轉體上步要求與上動作相同，只是左右轉相反。

（2）橫刀力點在刀刃中部，劈刀點在全刃。

圖 2-7-17

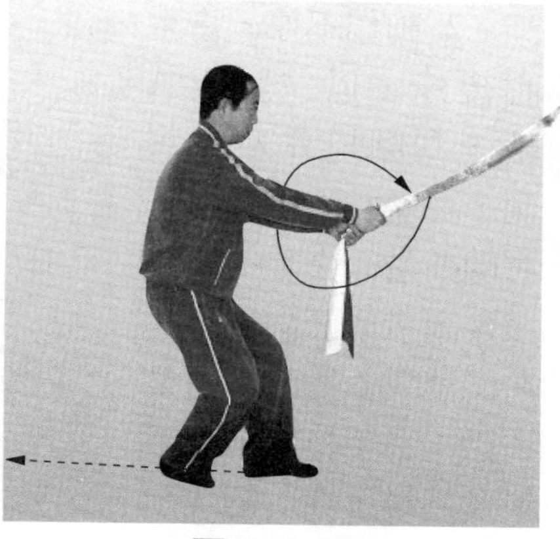

圖 2-7-18

(十一)退步轉身右炮刀

1. 重心後移，左腳後撤一步成右三體式；同時，左手變掌，按扶在右前臂中節上；右刀裏下掛一周，刀高與肩平；目視刀前方。（圖 2-7-19）

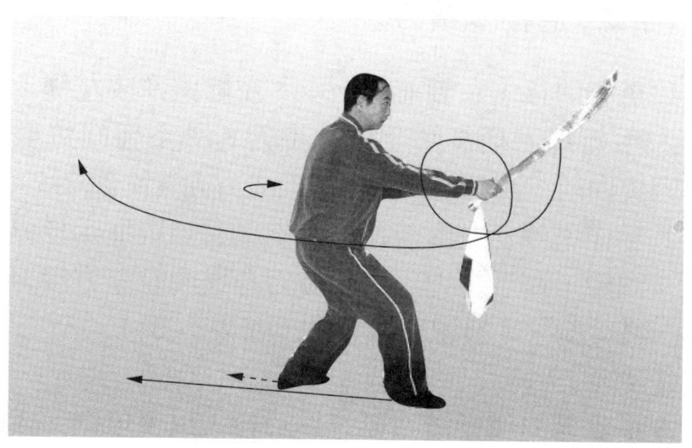

圖 2-7-19

2. 動作不停。借重心後移，以左腳跟為軸，右腳提靠左踝裏側，身體右轉180°後，右腳前趟一大步，左腳跟進半步成面向後方的右三體式；同時，左掌不動；右手持刀，外下掛一周後，向右腳尖前上方炮刀；目視刀前方。（圖2–7–20）

圖2–7–20

【要領】

（1）退步右轉身與左右掛刀要上下協調流暢。

（2）右順步炮刀要借前趟後蹬腿力，炮刀內含推、搓、撩勁力。

（十二）進拗步鑽刀

1. 重心前移，右腳前墊一步，左腳跟進成左提步；同時，左手抓握刀柄後端，雙手持刀右外下弧回拉至右腹前，刀尖向前，高與胸平；目視刀尖方向。（圖2–7–21）

2. 動作不停。左腳前趟一大步，右腳跟進半步成左三體式；同時，雙手持刀，邊外旋刀身邊向左前方鑽刀，刀面平，高與胸平；目視刀前方。（圖2–7–22）

【要領】

左提步帶刀與拗鑽刀要連貫一致，以表現鑽刀攻防一體的特點。

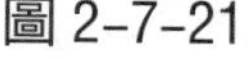

圖 2-7-21

圖 2-7-22

(十三)右搖轉順步橫刀

1. 以兩腳跟為軸，借身體右轉，使兩腳成內八字步；同時，雙手持刀裹腦，使刀背貼在後背上；目視左前方。（圖 2-7-23）

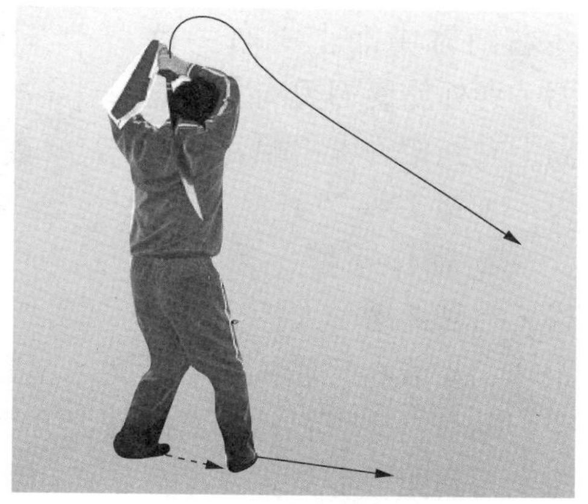

圖 2-7-23

2. 動作不停。借身體右轉，右腳向轉身後前進方向趟進一大步，左腳隨之跟進半步成右三體式步；同時，雙手持刀，使刀經左肩上弧線斜刀面向右腳前上方橫截刀；目視刀前方。（圖 2-7-24）

圖 2-7-24

圖 2-7-25

(十四)進順步炮刀

1. 重心前移，左腳前趟一步，右腳跟進提起成右提步；同時，左手變掌，按扶在右前臂中節上；右手持刀，邊外旋使刀刃向上、邊向上向回帶刀；目視刀尖前方。(圖 2-7-25)

圖 2-7-26

2. 動作不停。重心前移，右腳前趟一大步，左腳跟進半步成右三體式步；同時，左掌按扶右前臂不動；右手刀貼身左側下弧線向右腳前上方炮刀，刀刃斜面向右上方，刀高與肩平；目視刀前方。(圖 2-7-26)

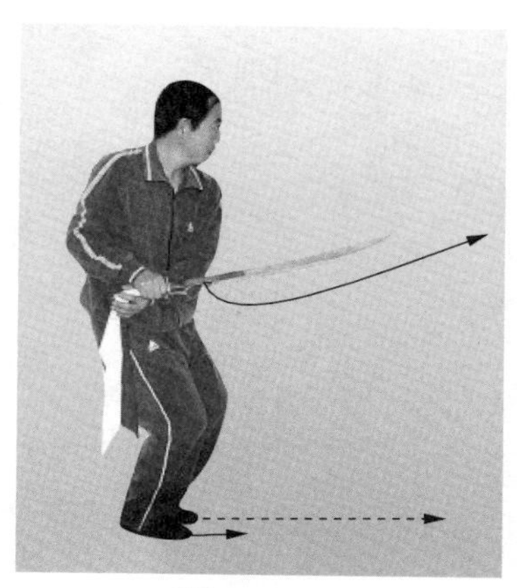

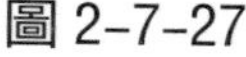
圖 2-7-27

圖 2-7-28

【要領】

借助前趟後蹬腿力及貼身左側掛刀的慣性，要求右刀與右腳齊到。

(十五)進拗步鑽刀

1. 重心前移，右腳前墊一步，左腳跟進成左提步；同時，左手抓握刀柄後端，雙手持刀邊下落，邊回帶刀柄至右腹前，刀尖向前，刀高與胸口平；目視刀尖前方。（圖 2-7-27）

2. 動作不停。借重心前移，左腳向前趟進一大步，右腳跟進成左三體式；同時雙手持刀邊外旋刀身，邊向左前方鑽刀，刀面平，高與胸平；目視刀前方。（圖 2-7-28）

(十六)半馬步提刀

1. 重心前移，右腳提靠左踝內側成右提步；同時，雙

圖 2-7-29

圖 2-7-30

手持刀，在身左側刀刃向上掛刀；目視刀尖前方。（圖 2-7-29）

2. 動作不停。重心前移，右腳尖裏扣向前橫趟一大步；左腳跟進半步後，成重心側重於右腿的半馬步；同時，右刀在身左側掛刀一周後，向右膝外側推提刀，右腕低於肩，刀刃向外；左手變掌，邊裏旋邊經身前向左耳側頭上撐掌，指尖向前，掌心向上；目視刀前方。（圖 2-7-30）

【要領】

（1）借前趟後蹬腿力、右腳跟搓地及身左側掛刀的慣性，推撐提刀。

（2）提刀刀身垂直地面，力點在刀刃中部。

(十七)退步左搖轉劈刀

圖 2-7-31

上身左轉 180°，重心前移至左腳掌，右腳裏扣腳尖，擺腳至左腳前方後，後搓右腳，並帶動左腳後移成左三體式；同時，右手持刀纏頭至頭上時，左手抓握刀柄後端，雙手完成纏頭後，向左腳前上方斜刃劈刀，刀高與肩平；目視刀前方。（圖 2-7-31）

【要領】

（1）動作特點是向前搖轉，接後搓後（右）腳跟發力，以體現形意器械「步隨身換」的技術風格。

（2）纏頭與左搖轉運動方向一致，但與左三體式相悖，要求在拗順時身、械勁都能協調發出。

(十八)進拗步崩刀

1. 重心前移，右腳前趟一大步，左腳跟進成左提步；同時，雙手右拉左推，使刀身直立回拉至右肩前，刀刃向前；目視前方。（圖 2-7-32）

2. 動作不停。右腳後蹬，重心前移，左腳前趟一大步，右腳跟進成左崩拳步；同時，雙手持刀，右推左拉向前崩刀，刀高與肩平，立刃；目視刀前方。（圖 2-7-33）

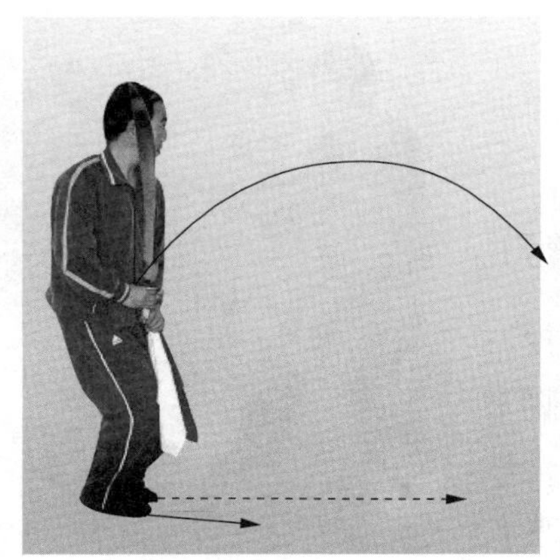

圖 2-7-32

圖 2-7-33

(十九)上步橫刀

重心前移，右腳前趟一大步，左腳跟進半步成右橫拳步；同時，雙手持刀裹腦後，向右腳前上方斜刃橫刀；目視刀前方。（圖 2-7-34）

圖 2-7-34

圖 2-7-35

(二十)左搖轉退步劈刀

1. 借左轉身，右腳尖裏扣成內八字步；同時，雙手持刀纏頭到身背後。（圖 2-7-35）

2. 動作不停。借身左轉，重心移向身右側，左腳經右腳後向前進相反方向搓退一大步，隨之右腳後退成右三體式；同時，雙手持刀完成纏頭後，向退步後的右腳前上方斜刃劈刀，刀高與肩平；目視刀前方。（圖 2-7-36）

圖 2-7-36

【要領】

原地左搖轉 180°接退步劈刀，反映形意器械進退都能攻的特點。

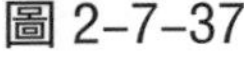

圖 2-7-37

圖 2-7-38

(二十一) 進步橫刀

1. 重心前移，左腳前趟一大步，右腳跟進成右提步；同時，雙手持刀裹腦，使刀背貼身後；目視前方。（圖 2-7-37）

2. 動作不停。右腳前趟一大步，左腳跟進半步成右橫拳步；同時，雙手持刀掩住左肩，向右腳前上方斜刃橫刀，刀高與肩平；目視刀前方。（圖 2-7-38）

【要領】

進步橫刀要借前趟後蹬腿力及裹腦刀的慣性，力達刀身中部。

(二十二) 進步崩刀

1. 重心前移，右腳前墊一步，左腳跟進成左提步；同時，雙手右拉左推，使刀直立回拉至右肩前，刀刃向前；

目視前方。（圖 2–7–39）

2. 動作不停。右腳後蹬，重心前移，左腳前趟一大步，右腳跟進成左崩拳步；同時，雙手持刀，右推左拉向前立刃崩刀，刀高與胸平；目視刀前方。（圖 2–7–40）

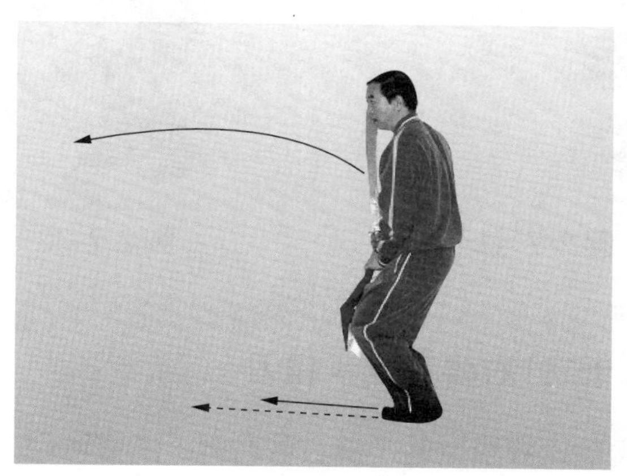

圖 2–7–39

圖 2–7–40

圖 2–7–41

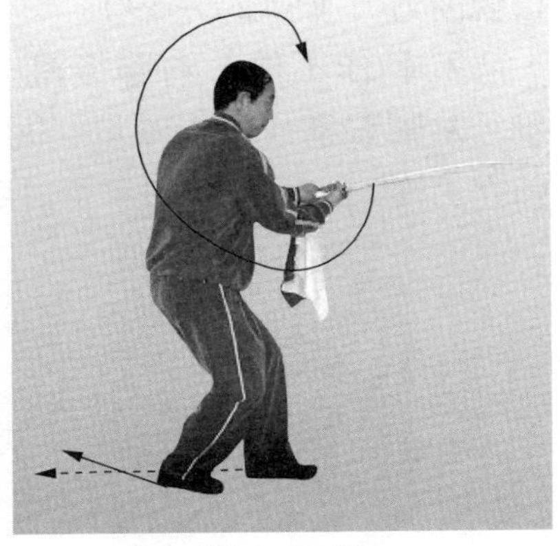

圖 2–7–42

(二十三)右轉身進步鑽刀

1. 兩腳以腳跟為軸，借身體右轉，右擺兩腳尖 135°，使右腳尖向前進方向，隨即右腳前趟一步，左腳跟進成左提步；同時，雙手持刀，裹旋刀面向右平擺刀後，回拉至右腹前，刀面平，高與胸平；目視前方。（圖 2–7–41）

2. 動作不停。重心前移，左腳前趟一大步，右腳跟進成左三體式；同時，雙手持刀，邊外旋刀面邊向左腳前上方推鑽刀，刀身平，高與胸平；目視刀前方。（圖 2–7–42）

(二十四)退順步橫刀

1. 重心後移，左腳後撤一步，右腳步隨之回拉提起成右提步；同時，雙手持刀，裹腦刀至身背後；目視前方。（圖 2–7–43）

圖 2-7-43

圖 2-7-44

2. 動作不停。借重心後移，右腳向身後撤一大步，左腳隨之回拉成左三體式步；同時，雙手持刀完成裹腦後，從左肩上向左腳前上方斜刃橫刀，刀高與胸平；目視刀前方。（圖 2-7-44）

【要領】

（1）往後一直而退中還能向前發力，這是形意門「退也打」的特點。

（2）斜肩帶臂橫刀要借撤步裹腦的慣性，發勁時要求勁力與刀面方向一致。

(二十五)右轉身雲抹刀

1. 左腳裏扣腳尖，重心落於兩腿中間成內八字步；同時，右手刀邊裏旋邊平刀面向右肩前方平抹刀，刀刃向外，刀尖向左；左手邊變掌邊向左肩前方撐掌，掌指向前，掌心向外；目視左掌前方。（圖 2-7-45）

圖 2-4-45

2. 動作不停。右腳借身體右轉，以左腳跟為軸，向前進方向退一步，左腳尖隨之擰轉成左三體式；同時，右手刀纏頭至刀背貼身背後；左掌亦同時下弧線外旋穿掌至胸前；目視左腳前上方。（圖 2-7-46）

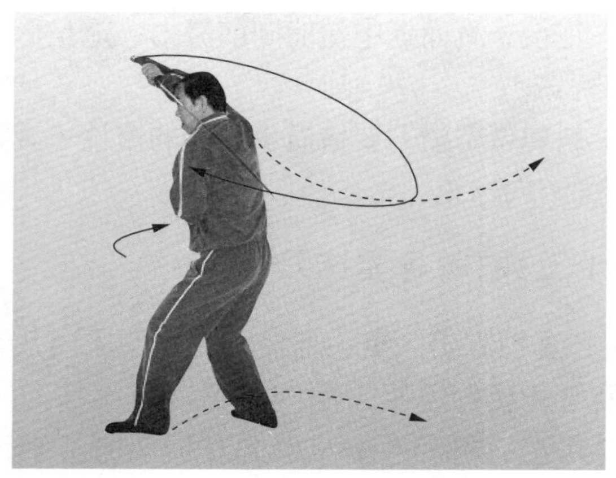

圖 2-7-46

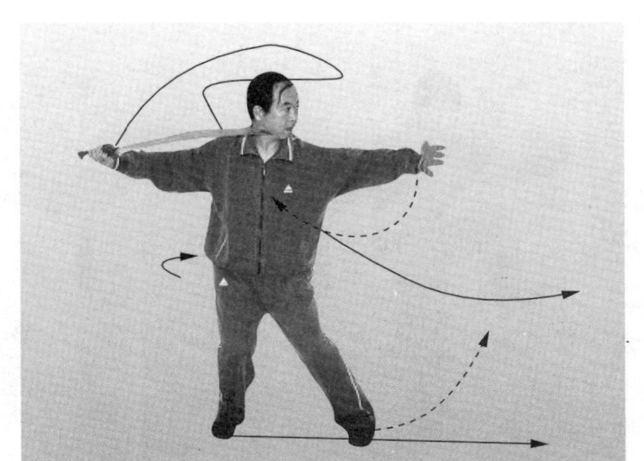

圖 2-7-47

3. 動作不停。借身體右轉，左腳裏扣腳尖，經右腳外側向前方扣上一步成內八字腳；同時，右手刀隨轉身向右雲抹刀一周，使刀面、刀身平，刀尖向身前；左掌亦同時上弧線擺掌至左腳跟外上方，兩臂與肩平，左掌心向外，掌指向前；目視左掌。（圖 2-7-47）

【要領】

借身體右轉，刀、掌繞臂與撤扣步要協調一致。

(二十六)退步提膝推掌

動作不停。重心後移，右腳後撤一步，左腳勾腳尖側提膝獨立；同時，右手刀壓腕貼身裹腦一周後，回拉刀柄至右胯後方，刀立刃，刀尖向前；左掌下弧線外旋回拉經心口，再裏旋上弧線向前推掌，掌指向上，掌高與肩平；目視左掌前方。（圖 2-7-48）

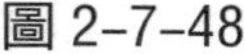
圖 2-7-48

圖 2-7-49

(二十七)上步崩刀

重心前移，左腳下落前趟一步，右腳隨之跟進成左崩拳步；同時，右手刀向前推、搓、刺崩刀，刀立刃，刀尖向前，高不過肩；右刀前崩同時，左掌下落抓握刀柄後端，輔助右手向前崩刀；目視刀前方。（圖 2-7-49）

至此形意搖轉刀的前半趟及回頭講解完，後半趟及回頭因動作相同，只是方向相反，故文字說明和圖片省略。圖片從收勢前圖 2-7-50 開始。

(二十八)收 勢

1. 右腳後撤一步，借身體右轉成右弓步；同時，右手持刀外下掛一周後，向右腳前上方平掃刀，刀刃向右，刀高與肩平；左掌向左腳上方伸出，掌心向前，掌高與肩平；目視刀前方。（圖 2-7-51）

圖 2-7-50

圖 2-7-51

2. 動作不停。重心左移至左腿成橫襠步；右手刀上弧線經頭上向左上臂上擺刀，使刀身平，刀刃朝上立於左上臂上；左上臂不動，前臂裏屈，左手扣刀盤接刀；目視左肩前方。（圖 2-7-52）

圖 2-7-52

圖 2-7-53

3. 動作不停。右腿向左腿併攏，兩腿直立成立正姿勢；同時，左手扣刀盤下落於身左側，右掌下落至右體側；目視前方。（圖 2-7-53）

【要領】

動作沉實，不求動作快。

第八節　形意十三槍

形意十三槍，又叫翼德十三槍，是尚派形意門流傳下來的一趟傳統長器械套路。該套路動作變化豐富，勁力全面，學練好此套路，讓廣大武術愛好者對身械一體、器械是臂的延長有更深的感受，希望大家能喜歡它。

一、形意十三槍的動作名稱

（一）起勢　　（二）進步崩扣紮槍
（三）上步劈槍　　（四）白蛇吐信
（五）原地扣槍　　（六）黃龍擺尾
（七）順步降龍　　（八）拗步伏虎
（九）左右倒步上挑槍（床子腿）
（十）鐵拐李　　（十一）退步搖旗
（十二）退步銼槍　　（十三）巧女紉針
（十四）太公釣魚　　（十五）伏地槍
（十六）貫槍　　（十七）併步紮槍
（十八）橫捌槍　　（十九）孤雁出群
（二十）回頭中平槍　　（二十一）進步炮槍
（二十二）小鬼打傘　　（二十三）搖旗
（二十四）鷂子槍　　（二十五）上步打靶
（二十六）環手探海　　（二十七）過頂槍
（二十八）收勢

二、形意十三槍的動作說明

形意十三槍套路的前半趟和後半趟的動作相同，只是方向相反，故本節只講解前半趟，回頭及收勢，其餘從略。

(一)起　勢

1. 身體成立正姿勢；右手持槍，垂直立於身右側；左手五指自然併攏成掌型，垂於左腿外側；平視前方。（圖2-8-1）

圖 2-8-1

2. 以左腳跟為軸，左轉身體 90°，外擺腳尖，右腳向左腳併攏成立正姿勢；同時，左手持槍，屈臂上提，右手捋握把端，隨之左手捋把使槍向前下落，右手握把前推，使槍臂成一條斜線，槍尖點地面；目視槍尖。（圖 2-8-2）

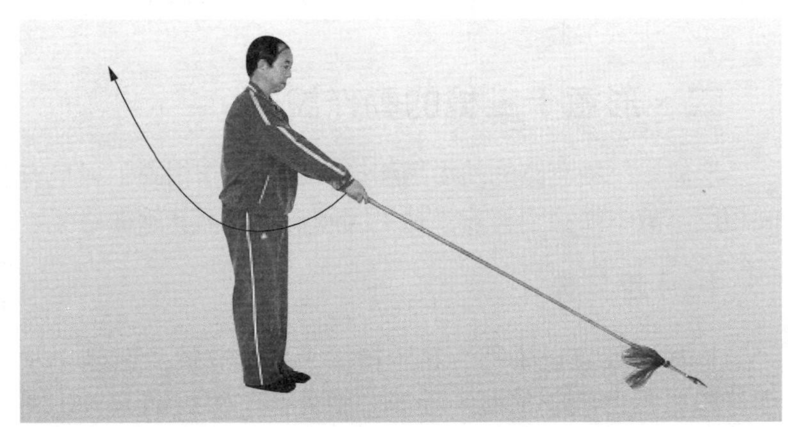

圖 2-8-2

3. 兩腳不動；左手持槍，右手借上身略右轉，右掌貼身下弧線擺掌至眉高，掌心斜向上；目視右掌。（圖 2–8–3）

4. 動作不停。重心後移，右腳後撤一步成左三體式步；同時，右手下落抓握把端，兩手配合順時繞扣槍，成中四平槍姿勢；目視槍前方。（圖 2–8–4）

圖 2–8–3

圖 2–8–4

【要領】

動作舒展，穩定，協調。

(二)進步崩扣紮槍

1. 重心前移，右腳略外擺腳尖向前上一步；同時，左手外旋，右手裏旋，雙手配合回拉槍，使槍尖逆時針畫一尺圓；目視槍前方。（圖 2–8–5）

2. 動作不停。重心前移，左腳向前一步成左三體式；同時，右把向裏捲腕前推，左把由左向右扣腕下壓，使槍尖順時針畫一尺圓成中四平槍；目視槍前方。（圖 2–8–6）

3.動作不停。重心前移，左膝前弓成左弓步；同時右手握把向前平刺槍，槍高與胸平；目視槍前方。（圖 2–8–7）

【要領】

（1）上右、左腳要求連貫流暢，不得使身體出現起伏。

圖 2–8–5

圖 2-8-6

圖 2-8-7

（2）崩扣紮槍要求槍桿貼身，借身腰勁，一氣呵成。

(三) 上步劈槍

1. 重心後移，右膝微屈直立，左腳勾腳尖前側提膝；

同時，右把回拉至右胯旁，左手握槍桿屈臂上提，使槍尖逆時針圈槍，槍尖高與頭平；目視槍尖。（圖 2–8–8）

2. 動作不停。重心前移，左腳下落向前一步，右腳跟進成左崩拳步；同時，右把貼身不動，左把略捋把前劈槍，槍桿高與胸平；目視槍前方。（圖 2–8–9）

【要領】

左提膝右繞圈槍上下協調；左上步、雙手下劈槍要求式整勁實。

（四）白蛇吐信

1. 重心前移，左腳踏跳，右腳在空中與左腳併攏成左併步；同時，左手活把，右手持把向前直刺；目視槍前方。（圖 2–8–10）

圖 2–8–8

圖 2-8-9

圖 2-8-10

2. 動作不停。左、右腳前後落成左三體式；同時，左手略活把，右把貼身下壓，使槍前半部向上崩槍，槍尖高與頭平；目視槍前方。（圖 2-8-11）

圖 2-8-11

【要領】

疾步要求跳高又遠，落左三體式與上崩槍要叫齊，力達槍前半部及槍尖。

（五）原地扣槍

兩腳不動，重心不變；同時，右把上拉裏捲腕，左把由左向右扣腕下壓，使槍尖順時針畫一尺圓成中四平槍；目視槍前方。（圖 2-8-12）

【要領】

槍桿後半部始終貼身前做一支點，左右兩手呼應配合，使槍借身力而得發。

（六）黃龍擺尾

1. 重心後移，右腳後撤一腳，借上身右轉，左腳勾腳尖前提膝；同時，左把下落活把，右把上拉前推，使槍尖

圖 2-8-12

圖 2-8-13

處於膝蓋高度，由右向左橫撥槍；目視槍尖方向。（圖 2-8-13）

2. 動作不停。上身向左擰轉，重心前移，左腳下落成左三體式；同時，左手活把，右把推把端至左腋下前，使槍尖

在同等高度下由左向右橫撥槍；目視槍尖。（圖 2–8–14）

3. 動作不停。右腳前上一步，隨之左腳勾腳尖前提膝；同時，左手活把，右把回拉前推，使槍尖在同高度下向左橫撥槍；目視槍尖。（圖 2–8–15）

圖 2–8–14

圖 2–8–15

【要領】

（1）提膝獨立要求右膝微屈站立，左提膝高過胯，左小腿與地面垂直。

（2）左右橫撥槍時，槍頭高度與膝平，左右橫撥距離約二尺，力點在槍頭處。

（七）順步降龍

動作不停。重心後移，借左轉身 180°，左腳下落，向前進方向上一步成左弓步；同時，槍桿後半部貼身，左把外旋，屈臂上繞，右把裏旋下壓，收把端至右胯旁，使槍尖逆時針從下經右，向上繞挑槍，槍尖過頭；平視前方。（圖 2-8-16）

【要領】

繞挑槍時，兩臂要借身力，並與轉身上步叫齊。

圖 2-8-16

圖 2-8-17

(八)拗步伏虎

重心前移，右腳向前進方向右 45°上一步成右弓步；同時，左手裏旋，右手外旋，使槍尖順時針繞扣槍成中四平槍；目視槍前方。（圖 2-8-17）

【要領】

此動作要求步斜槍正，就是右弓步腳向前進方向右 45°上步，而扣槍後，後把與槍尖連線應與前進方向一致。

(九)左右倒步上挑槍(床子腿)

1. 重心前移，左腳向前上一步成左半弓步；同時，左把不動，右手持把端，在身前逆時針繞把一周至左膝旁，使槍尖逆時針挑槍至左腳前上方；目視槍前方。（圖 2-8-18）

2. 動作不停。左腳回撤右腳跟後，隨即右腳向前一步成右半弓步；同時，左把不動，右手逆時針繞把，使右把

圖 2-8-18

停於右膝裏側，使槍尖逆時針繞槍一周；目視槍尖。（圖 2-8-19）

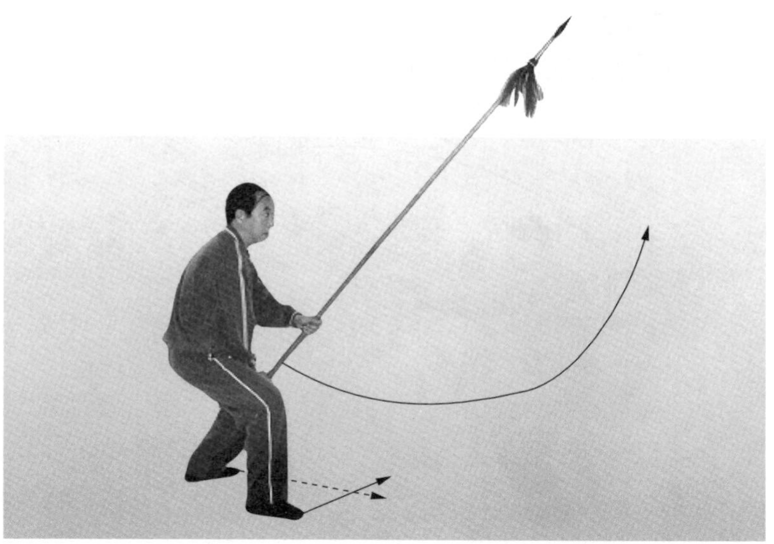

圖 2-8-19

【要領】

左右倒步連貫，與繞挑槍上下協調，動作要求輕快，流暢。

(十)鐵拐李

1. 重心前移，左腳向前上一步，右腳跟進成右提步；同時，左右兩把先後向槍尖端捋把，使左把落左腋前，右把下弧線向前撩把，使後把端撩至腳尖前上方與眉同高；目視後把端。（圖 2-8-20）

2. 動作不停。重心前移，右腳外擺腳尖向前上一步，成右腳在前的交叉步；同時，右、左手先後向槍把端捋把，使槍前端向右腳前上方斜劈槍（橫槍），槍尖高與胸平；目視槍前方。（圖 2-8-21）

【要領】

（1）上右提步要穩，並與右撩把協調一致。

圖 2-8-20

圖 2-8-21

（2）上右腳與橫槍叫齊，力達槍桿前端。

(十一)退步搖旗

1. 重心後移，左腳後撤半步成右弓步；同時，左把不動，右手在身前攪把，使槍尖逆時針由左向右、再向上圈槍，槍尖高過頭；目視槍尖。（圖 2-8-22）

圖 2-8-22

圖 2-8-23

2. 動作不停。右腳後撤一大步成左弓步；同時，左把不動，右手在身前攪把一周，使槍尖逆時針在身前圈槍一周，槍尖高過頭；目視槍尖。（圖 2-8-23）

【要領】

逆時針圈槍一周半要與左右撤步上下協調、流暢。

(十二) 退步銼槍

1. 重心後移，左腳向後撤一步成右腳在前的交叉步；同時，左手活把，右手回拉，當左右把間距合適時，槍桿貼身，雙手左外旋，右裏旋回拉槍，使左把貼心口前，右手拉槍把至右肋後，槍桿高與胸平；目視槍尖。（圖 2-8-24）

2. 動作不停。右腳後撤一步成左三體式；同時，雙手左裏旋，右外旋向前刺槍，槍高與胸平；目視槍方向。（圖 2-8-25）

圖 2-8-24

圖 2-8-25

【要領】

退步鋌槍的槍桿始終與前進方向一致。回拉槍時，槍桿前端內含崩勁。前刺槍時，槍桿前端內含扣勁。

圖 2-8-26

(十三)巧女紉針

重心前移，右腳外擺腳尖前上一步成右歇步；同時，左把活把上抬，右手持把端向左手併把，使槍向前上方刺出，槍尖高過頭；目視槍尖。（圖 2-8-26）

(十四)太公釣魚

重心前移，左腳前上一步成左弓步；同時，左手活把，右手回拉至腹前，左手定把，使槍尖向上抖動，槍尖高過頭；目視槍尖。（圖 2-8-27）

【要領】

上崩槍，先使槍桿利用自重下落至胸高時，迅速上左腳、下拉右把，左手定把，使槍尖產生上崩勁。

(十五)伏地槍

兩腳不動，重心後移成左三體式；同時，雙手左外

圖 2-8-27

旋、右裏旋，使槍尖向前進方向左側畫半圓崩槍，接著雙手左裏旋、右外旋，使槍尖向前進方向右側畫一半圓扣槍，槍桿高不過胸；目視槍前方。（圖 2-8-28）

圖 2-8-28

【要領】

原地崩扣槍要略借助重心前後移動，及槍桿貼身、兩手協調一致的整勁。崩扣槍尖畫半圓約二尺直徑，起始、終止時，槍桿都應在前腳直線上。

(十六)貫　槍

1. 動作不停。重心前移，左腳裏扣墊上一腳，兩腳尖向右，重心在兩腿中間；同時，借略右轉上身，左手活把，右手拉後把至右肩後，槍桿高與胸平；目視槍尖。（圖 2-8-29）

2. 動作不停。重心前移，右腳向前插步，右腳跟翹起，向前進方向；同時，兩手上抬，左手活把，右手反手前刺槍，槍桿平，高與眉平；目視槍尖。（圖 2-8-30）

【要領】

（1）上左腳後拉把與右手前插步反手刺槍，運動時槍

圖 2-8-29

圖 2-8-30

桿始終在前進方向一直線上。反手刺槍要力貫槍尖。

（2）重複做第二個前插步反刺槍，圖 2-8-31、圖 2-8-32，文字省略。

圖 2-8-31

圖 2-8-32

(十七)併步紮槍

1. 動作不停。重心前移，左腳向前上一步成左三體式；同時，左手活把，右手攬把，使槍尖向右上畫上半圓扣槍，槍桿高與胸平；目視槍前方。（圖 2-8-33）

圖 2-8-33

圖 2-8-34

2. 動作不停。右腳向左腳併步；同時，左手活把，右手持後把向前直紮槍，槍桿高與胸平；目視槍尖。（圖 2-8-34）

【要領】

以中四平槍向前上步直紮槍，身體、槍桿不得有起伏，並求勁力順達。

（十八）橫拶槍

重心後移，右腳向後搓退一大步，左腳隨之後退成左三體式步；同時，左手活把，右手持後把，邊裏旋邊回拉前推向右肩前，使槍頭向身左側抖動橫崩槍，槍桿平，高與胸平；目視槍尖。（圖 2-8-35）

【要領】

右腳搓退與兩手配合向左橫崩槍上下叫齊，力達槍前端。

圖 2-8-35

(十九)孤雁出群

1. 重心前移，右腳向前上一步；同時，右臂回收並向前刺槍，槍桿平，高與胸平（圖 2-8-36）；接著兩腳以腳

圖 2-8-36

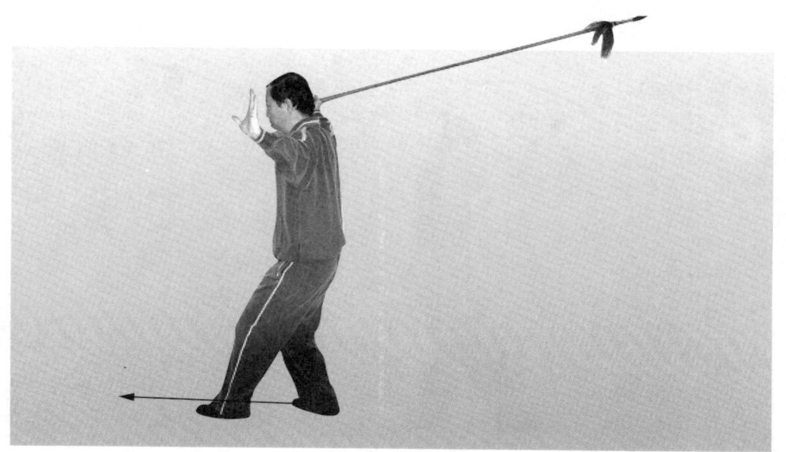

圖 2-8-37

圖 2-8-38

跟為軸，左轉 180°成與前進方向相反的左三體式步；同時，右手握後把，左手變立掌，向身體左右側屈肘平撐，腕高與肩平，使槍桿與前進方向平行，槍尖高於頭；平視前方。（圖 2-8-37）

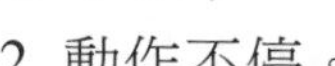

2. 動作不停。

上身不動，右腳前上一步成右三體式（圖 2-8-38）。接著上身不動，左腳向前一步成左三體式；目視前方。（圖 2-8-39）

圖 2-8-39

【要領】

動作要求協調、流暢，不得有起伏。

(二十)回頭中四平槍

1. 動作不停。右腳裏扣腳尖向前弧行扣上一步，隨即兩腳以腳跟為軸，借左轉身成左三體式，面向前進方向；同時，右手持槍，經頭上向左肩方向擺槍，左手隨即抓握槍桿中部，雙手邊左裏旋右外旋下落，邊向前進方向右側畫一半圓扣槍，槍桿平，高與胸平；目視槍尖。（圖 2-8-40）

2. 動作不停。兩腳不動；槍桿後部分貼身前，兩手配合，使槍尖向前進方向左側畫一半圓崩槍（圖 2-8-41）。向前進方向右側畫一半圓扣槍（圖 2-8-42）。接著重心前移至左腿成左弓步；左手活把，右手把向前與左手併把，使槍桿平直前紮槍，槍桿高與胸平；目視槍前方。（圖 2-8-43）

【要領】

（1）長拳槍中叫攔拿紮，形意槍中叫崩扣紮。

（2）崩扣紮動作勁力連貫，崩扣槍勁達槍前部，紮槍勁在槍尖。

圖 2-8-40

圖 2-8-41

圖 2-8-42

圖 2-8-43

(二十一)進步炮槍

1. 重心前移，右腳跟進成右提步；同時，左手活把拉至左額旁，右手握把下拉至右大腿前，使槍貼身左側上掛

槍；目視前方。（圖2-8-44）

圖 2-8-44

2. 動作不停。重心前移，右腳前趟一大步，左腳跟進半步成右炮拳步；同時，左手活把，兩手運槍由上向後下、再向右腳前上方撩槍（炮槍），使右把反腕在右耳側頭上，左把屈肘同肩高；目視前方。（圖 2-8-45）

【要領】

進步身左側擺槍要流暢。炮槍桿前半部內含推、銼、撐勁。

圖 2-8-45

(二十二)小鬼打傘

1. 重心前移，右腳墊上一步成右弓步；同時，左右手先後向槍前部分串把，使槍把端貼身右側，立圓下弧線向前挑把，左手持槍桿前端貼左胸前，右把高與肩平；目視後把。（圖 2-8-46）

2. 動作不停。右腳回撤左腳跟旁，隨即左腳向前上一步成左三體式；同時，右左手先後向後串捋把，使槍貼身左側，上弧線立圓下劈槍，槍桿高與胸平；目視槍前方。（圖 2-8-47）

【要領】

挑把要與右弓步上下協調。回撤右腳後，上左腳與下劈槍一致。

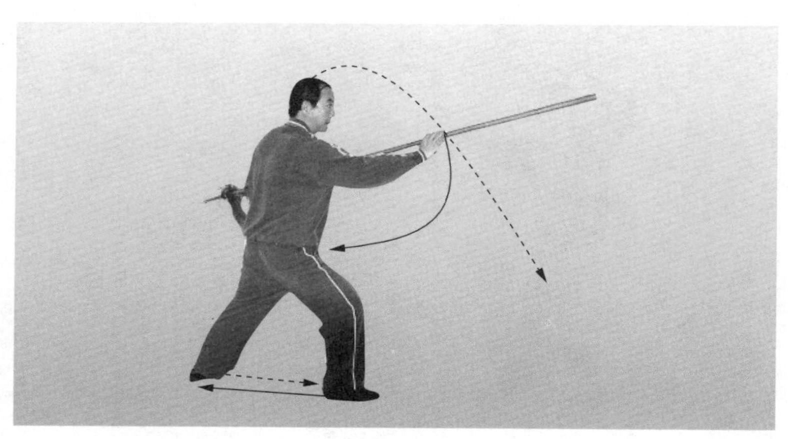

圖 2-8-46

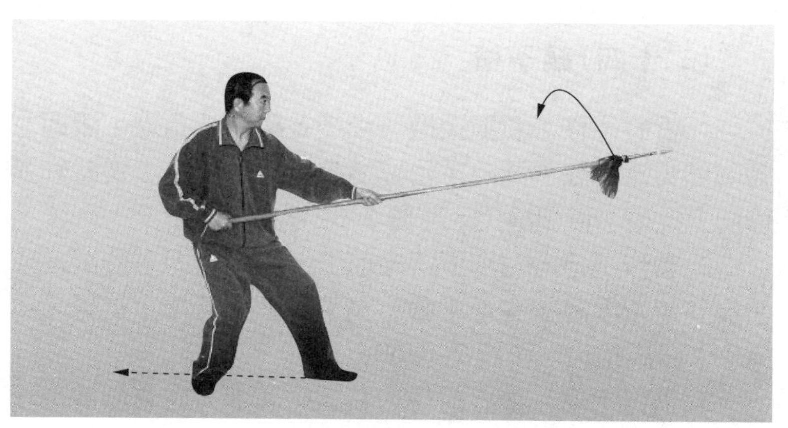

圖 2-8-47

(二十三)搖　旗

重心後移，左腳後撤一步成右腳在前的交叉步；同時，雙手左外旋右裏旋，逆時針絞槍多半圓；目視槍尖。（圖 2-8-48）

圖 2-8-48

(二十四)鷂子槍

1. 重心後移，右腳後撤一步後，略屈膝獨立，隨即左腳勾腳尖正提膝；同時，槍桿貼身，兩手配合，逆時針弧線向上挑槍；目視槍尖。(圖 2-8-49)

2. 動作不停。左腳下落向前上一步，隨即右腳跟進成左崩拳步；同時，右手不動，左手定把下劈槍，槍桿高與胸平；目視槍尖。(圖 2-8-50)

3. 動作不停。重心前移，右腳向前進方向右側前上一步成右弓步；同時，右手持後把端，向前與左手併把，使槍尖向前直刺；目視槍尖。(圖 2-8-51)

4. 動作不停。重心前移，左腳前上一步成左三體式；同時，左手活把，右手邊順時針繞把邊回拉至右胸旁，使槍尖順時針弧行扣槍，槍桿高與胸平；目視槍前方。(圖 2-8-52)

圖 2-8-49

【要領】

（1）定把下劈槍要借助上步下蹲慣性，上下協調，力達槍前部。

（2）右左上步要與紮槍，扣槍協調連貫。

圖 2-8-50

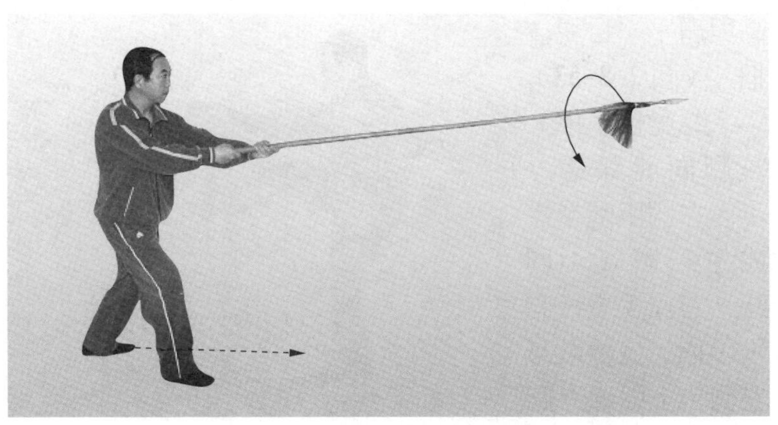

圖 2-8-51

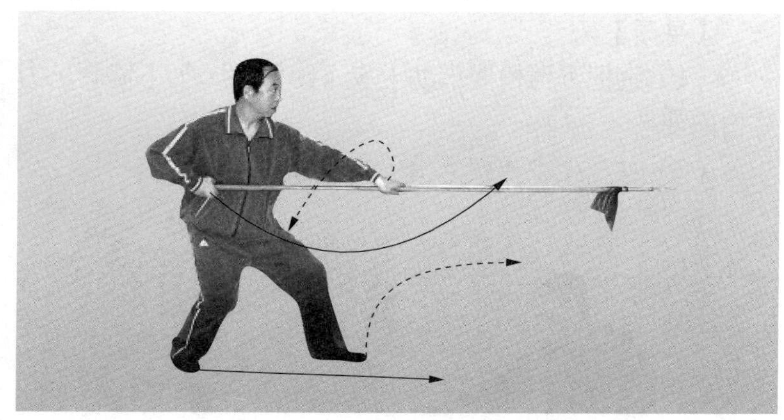

圖 2–8–52

(二十五)上步打靶

1. 重心前移，右腳前上一步，隨即左腳外擺腳尖，屈膝向前蹬腳，腳高與胯平；同時，左右手先後向槍前部分串把，槍把端貼身右側，立圓下弧線向前挑把，左手持槍桿前端貼左胸前，右把高與肩平；目視後把。（圖 2–8–53）

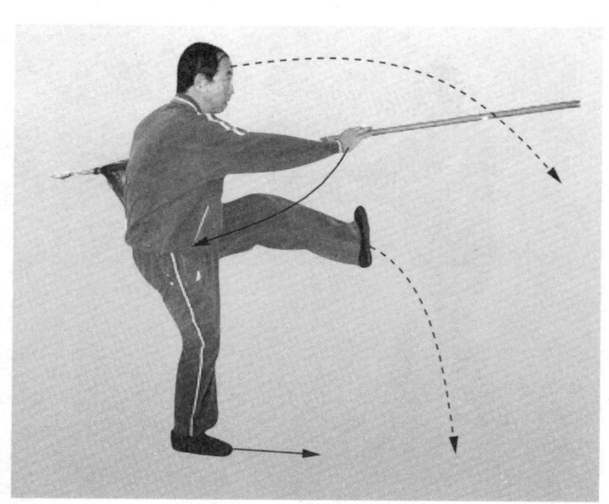

圖 2–5–53

2. 動作不停。左腳向前踩落一步，右腳跟進半步成左三體式；同時，右左手先後向後串把，使槍貼身左側，上弧線立圓下劈槍，槍桿高與

胸平；目視槍前方。（圖 2-8-54）

【要領】

此動作要求右挑把與左蹬腿、左上步與左順式劈槍叫齊。

圖 2-8-54

(二十六)環手探海

1. 重心前移，右腳跟進成右提步；同時，右手持後把，向前與左把併把，使槍桿與胸同高，向前直刺槍（圖 2-8-55）。接著右腳前趟一步，左腳跟進半步成右三體

圖 2-8-55

式；同時，右手活把，左手持把端，回拉後把至左胯旁，槍桿高與胸平；目視槍前方。（圖 2-8-56）

2. 動作不停。重心前移，左腳跟進成左提步；同時，左手持後把，向前與右把並把，使槍桿與胸同高，向前直刺槍（圖 2-8-57）。接著左腳前趟一步，右腳跟進半步成

圖 2-8-56

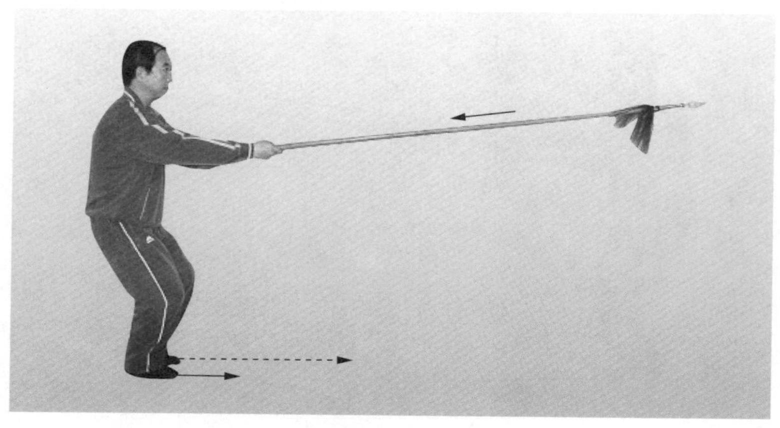

圖 2-8-57

左三體式；同時，左手活把，右手持把端回拉後把至右胯旁，槍桿高與胸平；目視槍前方。（圖 2–8–58）

3. 動作不停。重心前移，上身左轉，使兩腳成左腳在前的後插步；同時，左手活把，右把先回拉，再左轉身斜下紮槍；目視槍尖。（圖 2–8–59）

圖 2–8–58

圖 2–8–59

【要領】

（1）兩腳交替上步，身體不得有起伏。

（2）併把、串把要流暢，並借左轉身。槍紮方向與右後腳跟方向相同。

（二十七）過頂槍

1. 重心前移，上身左轉左腳向回頭後前進方向上一步成左三體式；同時，槍桿貼身，左右兩手配合做崩槍、扣槍，槍桿高與胸平（圖 2-8-60）。接著右腳向前一步成左腳在前的崩拳步；同時，右手持後把向前併把，使槍尖向前直刺，槍桿高與胸平；目視槍前方。（圖 2-8-61）

2. 動作不停。重心後移，右腳後撤一步，借右轉身，兩腳尖轉向右側，重心在兩腿中間；同時，左手活把上抬，右手持後把，裏旋回拉至頭右上方（圖 2-8-62）。接著左腳向後上步，借身體右轉，右腳向回頭後前進方向邁

圖 2-8-60

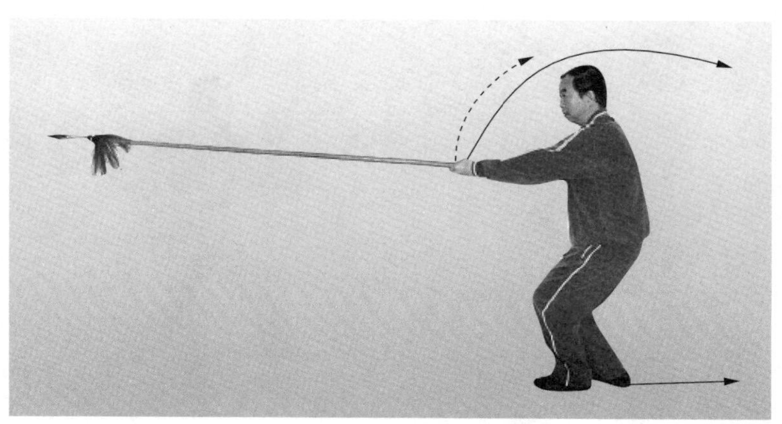

圖 2-8-61

圖 2-8-62

出一步成右三體式；同時，左手捋把至後把端，隨即右手向前捋把，使槍桿繞過頭頂後再做右順式弧行扣槍，槍桿與胸平（圖 2-8-63）。接著左腳向前一步成併步；同時，左手持後把，向前與右手併把，使槍頭向前直刺，槍桿高

圖 2-8-63

與胸平；目視槍前方。（圖 2-8-64）

3. 動作不停。左腳後撤一步，借左轉身，兩腳尖轉身左側，重心坐兩腿中間；同時，右手活把上抬，左手持後把，裏旋回拉至頭左上方（圖 2-8-65）。接著右腳向回撤

圖 2-8-64

圖 2-8-65

步，借身體左轉，左腳向回頭後前進方向上一步成左三體式；同時，右手向後把端捋把，隨即左手向前捋把，同時，使槍桿繞過頭頂後再做左順式弧行扣槍，槍桿高與胸平；目視槍尖。（圖 2-8-66）

圖 2-8-66

圖 2-8-67

【要領】

借身體轉動，撤上步與頭上倒把接扣槍要上下協調，動作輕靈。

至此形意十三槍前半趟及轉身回頭講解完，若接後半趟，須接練進步崩槍、上步劈槍……待練到起勢附近，且與起勢動作同方向的圖 2-8-67 時方可收勢。

(二十八) 收　勢

1. 右腳跟上一步成併步；同時，右手持後把，向前與左把併把，使槍桿平，高與胸平，向前直刺（圖 2-8-68）。接著右腳後撤一步成左三體式；同時，左手活把，右手持後把回拉下壓至右胯旁，使槍尖向上崩槍；目視槍尖。（圖 2-8-69）

2. 動作不停。以左前腳掌為軸，腳跟外擰成重心側重左腿上的橫襠步；同時，雙手持槍，先活左把再活右把，

圖 2-8-68

圖 2-8-69

使左手回拉貼肋，槍尖向後，右把弧行前撩後把至胸高；目視後把端。（圖 2-8-70）

3. 動作不停。左腳向右腳併攏，兩腿直立，身體成立正姿勢；同時，右手邊活把邊回拉槍桿至右胯旁，左手持

圖 2-8-70

圖 2-8-71

槍桿前端，下弧線經身前繞臂右肩前時，下插把端落地，使槍桿垂直立於右腳外側。左手變掌，自然下垂左胯旁；目視前方（圖 2-8-71）。

【要領】

要求動作協調，沉穩。

第三章　形意傳統稀有器械

第一節　形意連環雙刀

形意拳中講「拳械一體」，有什麼拳，就有什麼器械，不管長短還是單雙。尚雲祥師爺在 1936 年北平黃河賑災演武大會上曾練過這個套路，引起武術界轟動。父親李文彬擅長刀術，故得其真諦。透過講解和演練，希望廣大愛好者能瞭解原始傳統套路和前輩們的勁力與神韻。

一、形意連環雙刀的動作名稱

（一）起勢　（二）三體式推掌
（三）左順式壓刀　（四）上步崩刀
（五）退步反崩刀　（六）斜進步劈刀
（七）獨立刺刀　（八）轉身順步劈刀
（九）轉身獨立劈刀　（十）進步炮刀
（十一）退步獨立裹腦刀　（十二）拗步鑽刀
（十三）上步蹬腳推刀　（十四）上步反崩刀
（十五）進拗步崩刀　（十六）撤步擰身雙擺刀
（十七）轉身上步雙劈刀　（十八）撤步擰身擺刀
（十九）轉身上雲下截刀　（二十）倒步刺刀
（二十一）進拗步崩刀　（二十二）轉身蹬腳劈刀
（二十三）收勢

二、形意連環雙刀的動作說明

形意連環雙刀的動作路線呈直線運動，後半趟與前半趟動作相同，方向相反，故本節講解前半趟，回頭及收勢。

(一)起　勢

兩腳跟併攏，兩腳尖夾角45°，身體成立正姿勢；左右刀盤併在一起，左手拇指上扣兩刀盤，左手食指和中指在刀盤下夾住兩刀柄，無名指和小指扶住刀盤下側，使兩刀刀背貼左上臂上，刀尖朝上，刀刃朝前，左臂和刀身垂靠身左側；右手變掌，自然垂靠身右側；平視前方。（圖3-1-1）

(二)三體式推掌

1. 兩腳不動；右掌微屈肘，沿身右側揚起後，經身前下擺掌至左肋前；目隨右掌轉動後，最後目視左肩前方（圖3-1-2）。接著右腳前上一步成右弓步；同時，右掌回拉至右胯旁，掌心向前；左手持兩刀盤從身左側向前、向裏翻轉，使刀柄在身前順時針畫弧後，刀身垂直於左肩前，刀刃向後；目視刀刃。（圖3-1-3）

2. 動作不停。左腳經右踝裏側向左前方（即前進方向）邁上一步成左三體式；同時，左手回拉刀身至身左側；右掌邊裏旋邊經心口向前推掌，掌指向上，掌高與肩平；目視右掌前方。（圖3-1-4）

圖 3-1-1

圖 3-1-2

圖 3-1-3

圖 3-1-4

【要領】

（1）動作不應太快，要求上下協調。

（2）刀柄在身前畫弧是用刀柄格掛對方器械。推掌著力於側立掌的掌外緣。

(三)左順式壓刀

圖 3–1–5

1. 重心前移，右腳跟進，並靠於左踝裏側成右提步；同時，左手持刀盤，弧線上擺至右手旁，刀刃朝上；左右手正握接左右刀；目視雙手前方。（圖 3–1–5）

2. 動作不停。重心後移，右腳後撤一步成左三體式；同時，右手上扣腕，使刀尖向前，回拉右刀柄至身右後方；左手亦同時持左刀，在身前順時針絞壓刀一圈；目視左刀前方。（圖 3–1–6）

圖 3–1–6

【要領】

右退步、右接刀及左絞刀協調流暢。左手刀絞一直徑一尺半的圓，力達刀面。

(四)上步崩刀

重心前移，左腳前擠墊一腳，右腳跟進成左崩拳步；同時，左手刀順時針絞刀一圈後，接著回拉至左胯旁，刀

尖向前；右手刀亦同時向前上方推、搓、崩刀，刀刃向前下，刀高與肩平；目視右手刀。（圖 3–1–7）

圖 3–1–7

【要領】

先絞壓左刀，左上步與右崩刀要叫整。

(五)退步反崩刀

重心後移，右腳後撤半步，接著左腳後退一大步，成右腳在前的退步崩拳步；同時，左刀前刺後，裏旋左腕擺至右腋下，刀尖向後；右手刀亦同時回拉裏旋上抬至右耳側，向前反刺刀（反崩刀），刀刃向上，刀高與眉平；目視刀前方。（圖 3–1–8）

圖 3–1–8

【要領】

（1）右左撤步與左擺刀、右反崩刀要求上下左右相輔相成。

（2）反崩右刀，內含推、刺、撩勁力。

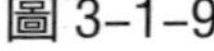
圖 3-1-9

圖 3-1-10

(六)斜進步劈刀

1. 左腳經右腳裏側向前進方向右 45°外擺腳尖斜上一步；同時，右手刀纏頭至身背後；左手刀弧行回拉至腹前；目視左腳前上方。（圖 3-1-9）

2. 動作不停。右腳向左腳前方前趟一大步，左腳隨即跟進半步成右三體式；同時，右手刀繞至右肩上方後，向前（右腳前上方）劈刀；左手刀亦同時回拉至左胯旁，刀尖向前；目視右刀前方。（圖 3-1-10）

【要領】

左蓋步與右刀纏頭一致，右上步與右劈刀、左拉刀叫齊。

(七)獨立刺刀

1. 左腳後撤一腳，右腳後撤一步成右腳在前的併步；

圖 3-1-11

圖 3-1-12

左手刀前遞出後，兩手同時持左右刀順時針絞刀後，右刀柄回拉至臍前，左刀回拉至左胯後方，兩刀刃向左，刀尖朝前，刀高與胯平；目視右刀前方。（圖 3-1-11）

2. 動作不停。右腳裏扣腳尖前上一步，左腳勾腳尖正提膝成右獨立步；同時，左手刀柄前插右腋下，刀尖向後；右手刀前上方平刺，刀高與頭平；目視右刀。（圖 3-1-12）

【要領】

（1）左右腳撤步與左右手刀絞刀要協調一致。

（2）左提膝獨立與左插、右平刺要身、械一體，快速勁整。

(八) 轉身順步劈刀

1. 借左轉身，左腳外擺腳尖弧線前上一步，成左腳在前的交叉步；同時，右手刀尖朝前，貼頭前穿刀；左手刀

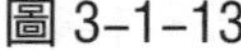
圖 3-1-13

圖 3-1-14

貼身右側上弧線掛刀；目視左腳前上方。（圖 3-1-13）

2. 動作不停。重心前移，右腳前趟一步，左腳跟進半步成右三體式；同時，左手刀向前下，再回拉至左胯旁；右手刀纏頭後，向右腳尖前上方劈刀，右手刀高與肩平，兩刀尖朝前，刀刃向下；目視右刀。（圖 3-1-14）

【要領】

（1）轉身上左右腳與立圓貼身穿刀及纏頭上下協調。

（2）纏頭時不得聳肩、低頭，要求刀貼背，動作舒展靈活。

(九)轉身獨立劈刀

右腳尖裏扣，借重心移右腿，身體左轉，左腳勾腳前提膝成右獨立步；同時，左手持刀前穿右腋下，使刀尖向後；右手刀亦同時外旋腕，貼頭右側弧線向轉身後前方劈刀，刀刃向前下，刀高與肩平；目視右刀。（圖 3-1-15）

圖 3-1-15

圖 3-1-16

【要領】

（1）左提膝與右劈刀要左右上下相稱，勢穩勁齊。

（2）正提膝要求正勾腳尖，小腿與地面垂直，膝蓋過胯。

（十）進步炮刀

1. 左腳下落，略外擺腳尖前上一步；兩刀柄相對，右刀在前，左刀在後，先後打出身右側下掛腕花一立圓；目視前方。（圖 3-1-16）

2. 動作不停。重心前移，右腳向前趟進一步，左腳跟進半步成右炮拳步；同時，右手刀在身左側立圓裏上掛一周後，向前推、搓、撩炮刀，刀刃向前，刀高與胸平；左手刀亦同時回拉至右腋下，左刀尖朝後；目視右刀。（圖 3-1-17）

圖 3-1-17

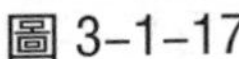

圖 3-1-18

【要領】

（1）舞花要連貫，右腳上步與右炮刀叫齊。

（2）炮刀要求三尖對，即鼻尖、刀刃中節、右腳尖在一條直線上。

（十一）退步獨立裹腦刀

1. 左腳後撤半步成右弓步；右刀在前，左刀在後，兩刀分別在身左側下掛一周成右手刀尖向上、左手刀尖朝下；目視前方。（圖 3-1-18）

2. 動作不停。右腳後撤一步成左弓步；同時，右手刀裹腦至身後，刀背至頭上；左手刀亦同時回拉橫壓刀至左胸前，刀刃朝前，刀身平；目視前方。（圖 3-1-19）

3. 動作不停。重心後移右腿，左腳勾腳尖正提膝獨立；同時，左手刀下持刀至右腋下，刀尖朝後；右手刀完成裹腦刀後，上擺刀至右肩後，刀身立刃向後；眼隨右

圖 3-1-19

圖 3-1-20

刀。（圖 3-1-20）

【要領】

（1）左右撤步與左右舞花掛刀上下左右協調。掛刀要求貼身立圓。

（2）提膝裹腦上下協調。裹腦要求刀背貼身後背，不得低頭、彎腰。

圖 3-1-21

(十二) 拗步鑽刀

動作不停。左腳下落前趟一大步，隨後右腳跟進半步成左炮拳步；同時，借左擰腰，左手刀在前，兩腕左裏旋，右外旋，雙手持刀向前上鑽刀，左手在左耳側頭上，右手在臉前，兩刀尖朝前，兩刀刃朝上；目視右刀前方。（圖 3-1-21）

【要領】

（1）提膝裹腦刀和上步鑽刀為連貫動作，要求身械合一。

（2）左手刀內含撩、架之力，右手刀內含推、搓、刺之勁。

（十三）上步蹬腳推刀

1. 兩腳不動，重心前移成左弓步；同時，右手刀裹腦至身背後，刀柄在頭上；左手刀下落回拉至胸前，使刀身平，刀背貼左胸前；目視前方。（圖 3–1–22）

2. 動作不停。重心前移，左腳前墊一步，右腳外擺腳尖，屈提膝向前蹬腳，腳高與胯平；同時，右手刀完成裹腦後，回拉至右胯後方，刀尖向前；左手持刀，刀身橫平向前推刀，刀刃向前，刀高與胸平；目視前方。（圖 3–1–23）

【要領】

（1）蹬腳時兩膝微彎，左推右拉刀動作要開展，要求手腳協調一致。

（2）裹腦，蹬腳，推刀及交叉步反崩刀要求一氣呵成。

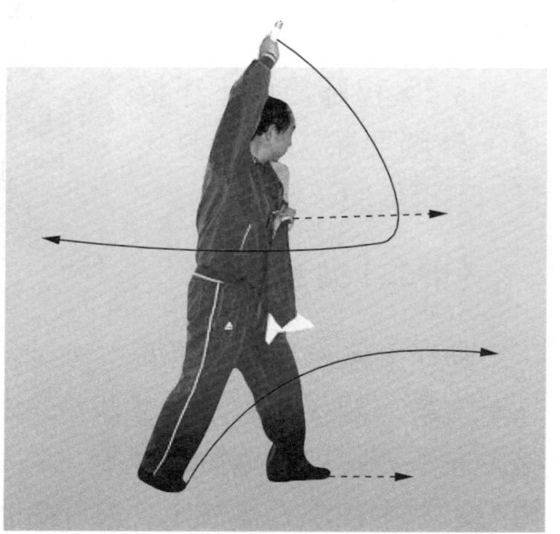

圖 3–1–22

圖 3-1-23

(十四)上步反崩刀

動作不停。重心前移，右腳外擺腳尖向前一步踩落，左腳隨之跟進半步成右腳在前的交叉步；同時，左手持刀回拉，使刀背貼前胸，刀刃向前，刀身平；右手刀亦同時上抬同肩高，向前裏旋腕反手直刺崩刀；目視右刀前方。（圖 3-1-24）

圖 3-1-24

（十五）進拗步崩刀

1. 重心前移，右腳向前擠上一腳，隨即左腳跟進成左提步；同時，右手刀外旋腕下落回拉至右胯旁，刀尖向前；左手刀亦同時邊前刺，邊順時針絞壓刀，刀高與胸平，刀刃向左下；目視左刀前方。（圖 3-1-25）

2. 動作不停。右腳後蹬，重心前移，左腳向前趟進一大步，右腳隨之跟進成左崩拳步；同時，左刀回拉至左胯旁，刀尖向前；右刀亦同時向前上崩刀，刀刃向下，刀高與肩平；目視右手刀前方。（圖 3-1-26）

【要領】

（1）左提步絞壓刀，刀畫一直徑一尺半圓，力達右刀面。

（2）右手崩刀要與左回拉刀及左上步協調一致。

圖 3-1-25

圖 3-1-26

圖 3-1-27

（十六）撤步擰身雙擺刀

借重心後移，身體左轉，左腳後撤一步，隨即右腳經左腳前蓋一步成左後插步；同時，雙刀貼身前順時針擺刀至右肩右側，兩刀直立平行，刀刃向前；目視雙刀。（圖 3-1-27）

【要領】

雙擺刀左刀在裏、右刀在外平行擺動，並與右腳蓋步叫齊。

（十七）轉身上步雙劈刀

1. 動作不停。兩腳以右腳跟、左腳掌為軸，左轉成左三體式；同時，兩刀尖後壓，使兩刀身平，刀柄在前，借左轉身平掃刀，左刀刃朝外，刀面貼右肘上，兩刀身高與胸平；眼隨刀動。（圖 3-1-28）

圖 3-1-28

2. 動作不停。重心前移，右腳前趟一大步，左腳跟進半步成右三體式；同時，兩刀平行向右腳前上方斜雲刀後，右刀向前劈出，刀高與胸平，左刀回拉至左胯旁，兩刀尖向前；目視右手刀。（圖 3-1-29）

圖 3-1-29

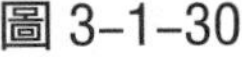

圖 3-1-30　　圖 3-1-31

【要領】

斜雲刀要借蓋步及轉身慣性，兩臂儘量開展，兩刀伸屈一致，以防運動中刀碰刀。

(十八)撤步擰身擺刀

1. 重心後移，右腳向身後右方斜撤一步成左弓步；同時，右手刀貼身右側外下掛一周後，回拉至右胯旁；左手刀亦同時外旋腕，刀尖向左、向前推刀，刀高與肩平；目視左刀。（圖 3-1-30）

2. 動作不停。借右轉身，左腳向右腳伸出方向蓋上一步成高左弓步；同時，左刀不動，右手刀先外旋、再裏旋腕擺臂，使右刀繞過頭頂，刀面貼左肘上，兩刀平行，兩刀刃向後；目視左刀。（圖 3-1-31）

【要領】

斜撤步與右掛刀、左推刀協調自然；推刀力達刀刃根

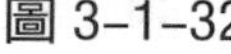

圖 3-1-32

圖 3-1-33

部。

（十九）轉身上雲下截刀

1. 動作不停。借身體右轉 180°，兩腳跟為軸，右外擺左裏扣成右三體式；同時，左手刀右平掃至腹前扣腕，使刀背貼腹；右手刀亦同時以刀背前撩刃向右上方撩刃，刀高與頭平；目視右刀。（圖 3-1-32）

2. 動作不停。兩腳及左刀不動；右手刀在臉前逆時針斜雲刀後，向右膝前弧行下截刀，刀高與膝平，刀刃向右；目視右刀。（圖 3-1-33）

【要領】

（1）上右蓋步擺刀要輕靈協調。

（2）上斜雲刀、下截刀要借助右轉身慣性，勢穩勁猛。

圖 3-1-34

(二十)倒步刺刀

借右轉身，右腳回撤左腳處，左腳亦同時上步至原右腳處成左三體式；同時，右手刀回拉至右胯後，刀尖向前；左手刀同時前刺刀，刀尖向前，刀高與肩平；目視左刀前方。（圖 3-1-34）

【要領】

（1）借右轉身先撤右腳，隨即兩腳前後倒腳爭取同時落地，左腳尖方向為前進方向。

（2）右手刀回拉有旁掛對方器械之意，前刺刀力貫刀尖。

(二十一)進拗步崩刀

借右腳後蹬，重心前移，左腳向前擠墊一腳，右腳跟進成左崩拳步；同時，左手刀向右順時針弧行絞壓後，回

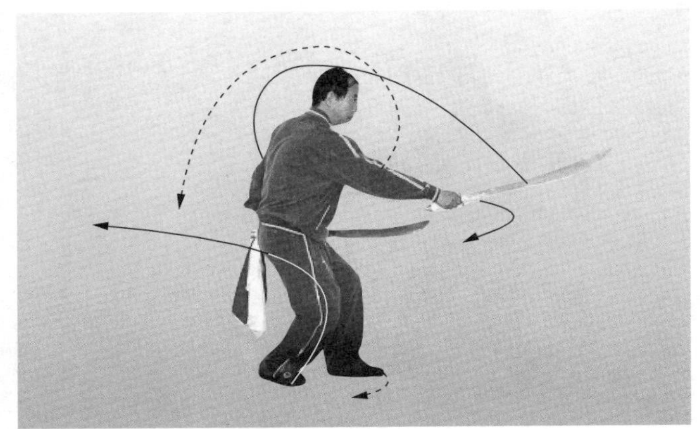
圖 3-1-35

拉至左胯旁，刀尖朝前；右手刀同時向前上方崩刀，刀尖朝前，刀高與胸平；目視右刀前方。（圖 3-1-35）

(二十二) 轉身蹬腳劈刀

1. 兩腳以腳跟為軸，右轉體 180°，右腳屈膝外擺，腳尖前蹬，腳高與胯平；同時，右手刀貼右耳側掄起，貼身右側擺至右胯，刀尖向前；左手刀同時前刺後，貼左耳側向前掄劈至臉前，刀身立刃朝前；目視左刀。（圖 3-1-36）

2. 動作不停。右腳向前踩落一步，左腳跟進半步成右腳在前的交叉步；同時，右手刀貼身右側上掄劈刀至身前，刃向前，高與肩平；左手刀同時裏下掛擺刀至右腋下，刀刃向右，刀尖向後；目視右刀。（圖 3-1-37）

【要領】

轉身蹬腳、掄劈刀要左右相輔，上下協調，一氣呵成。

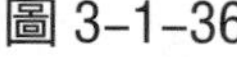
圖 3-1-36

圖 3-1-37

至此套路前半趟及右轉身回頭講解完，下半趟接進步崩刀、退步反崩刀……動作相同，方向相反，至再轉身蹬腳劈刀（圖 3-1-38）接進步崩刀（圖 3-1-40）後方可收勢。

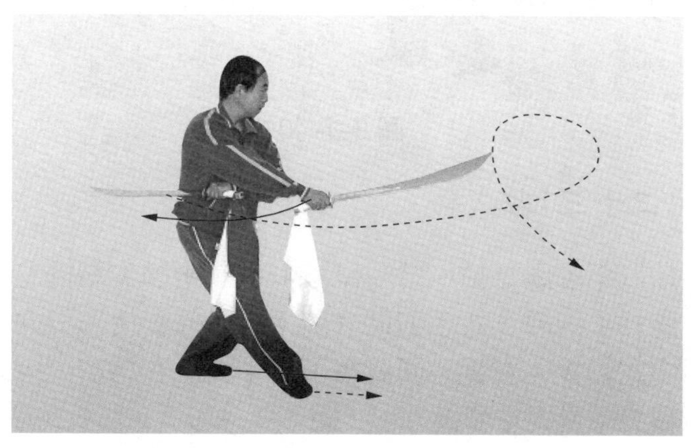
圖 3-1-38

圖 3-1-39

圖 3-1-40

(二十三) 收　勢

1. 以兩腳跟為軸，借右轉身 180°，兩腳尖右擺左扣成右三體式；同時，右手刀貼身前下掛一周，使刀刃向下，刀尖向左腳後；左手刀同時裏下掛半周至右肩前方，刀刃向右腳尖；目視左腳後方。（圖 3-1-41）

2. 動作不停。借右轉身，左腳裏扣腳尖上一步成內八

圖 3-1-41

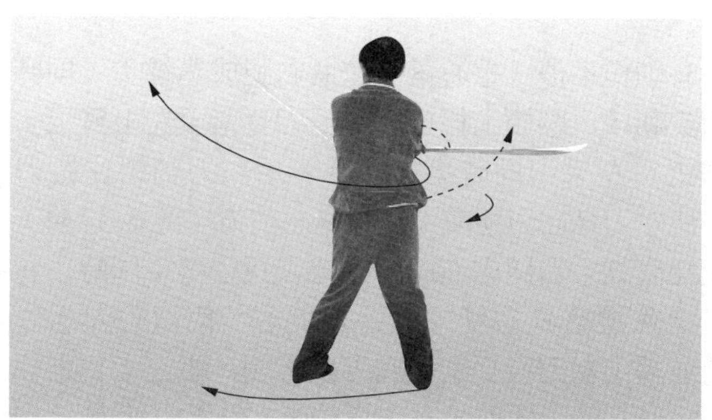

圖 3-1-42

字步；同時，兩刀貼身前立圓前順時針腕花掛刀一圈；目視右刀（圖 3-1-42）。接著借右轉體，左腳向後撤上一步成右弓步；同時，借右轉身，右手刀從左腳上方刀刃向右，同肩高平掃至右腳前上方，刀尖與右腳尖同向；左手刀同時擺落左腳上方，刀刃向左，刀尖與左腳同向；目視右刀。（圖 3-1-43）

圖 3–1–43

3. 動作不停。重心落至彎曲右腿成横襠步；同時，右手刀尖朝後，經頭上擺翹腕，至刀背落至左上臂上，使刀刃向上；左手刀同時裏捲前臂，用左刀柄鎖住右刀盤下側，使左刀身立刃朝前；目視身左前方（圖 3–1–44）。接著左腿直立，右腿向左腿併攏成立正姿勢；同時，右手變掌，自然擺落身右側，左手刀下落，使刀刃向下，尖向前，並經由左刀後柄別住右刀盤下側，由左上臂別住右刀刀面，使右刀刃向前，直立身左側；目平視前方。（圖 3–1–45）

【要領】

（1）轉身撤步舞花要求身械協調，步到刀到，自然流暢。

（2）右弓步要借助右擰腰轉體慣性，力達刀刃前端。

（3）左刀鎖右刀收勢，不求動作速度力量，只求式穩，動作沉實。

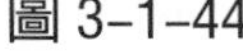

圖 3-1-44

圖 3-1-45

第二節　形意連環大刀

形意連環大刀是在精練形意連環槍棍後，要學練的形意傳統稀有器械（形意連環槍、連環棍已在《尚派形意拳抉微》第一輯中闡述）。形意連環大刀套路，不但表現形意的勁力、連環拳的路線和風格，以及刀借身力、身借刀力的形意器械特色，還要表現大刀這一傳統武術器械的使用特點。

一、形意連環大刀的動作名稱

（一）起勢　　（二）三體式推刀
（三）上步崩刀　　（四）退步崩刀
（五）順步崩刀　　（六）退步抹刀
（七）斜順步劈刀　　（八）退併步絞刀

（九）左提膝刺刀　（十）橫襠步刺刀纂
（十一）轉身進步劈刀　（十二）轉身提膝劈刀
（十三）進步右炮刀　（十四）撤步提膝舞花
（十五）上拗步鑽刀
（十六）進步蹬腳掛劈刀（狸貓上樹）
（十七）進拗步崩刀　（十八）右轉身劈刀
（十九）搖轉劈刀　（二十）原地絞刀
（二十一）進拗步劈刀　（二十二）左弓步斜刺刀
（二十三）轉身刺刀纂
（二十四）轉身蹬腳蓋把（狸貓倒上樹）
（二十五）收勢

二、形意連環大刀的動作說明

形意連環大刀的前半趟與後半趟動作相同，方向相反，只有右轉身狸貓倒上樹轉身回頭，故本節講解前半趟，回頭及收勢。

(一)起　勢

身體成立正姿勢；右臂及掌自然下垂於體右側面；左肘微屈，左手虎口裏扣刀桿，使刀桿垂直立於身左側，刀刃向前；目視前方。（圖 3-2-1）

圖 3-2-1

圖 3-2-2

(二)三體式推刀

上身微左轉下蹲，重心前移，邁出左腳成左三體式；同時，左手持大刀桿中部向左腳前方推刀，使大刀刃向前，刀桿斜立，右掌移至臍前，塌腕，指尖向前；目視前方。（圖 3-2-2）

(三)上步崩刀

1. 右手向前抓握刀盤下刀桿回拉至右肩前，刀刃向前上方；左手同時下捋刀桿，使刀纂向前斜下揚起；目視前方。（圖 3-2-3）

2. 動作不停。借右腳後蹬，左腳前趟一步，右腳跟進

圖 3-2-3

一步成左崩拳步；同時，右手持刀桿前端向前崩刀，刀刃向下；左手同時持刀桿後部回拉至左胯旁；目視刀前方。（圖3-2-4）

圖 3-2-4

【要領】

借助蹬腳趟步及右推左拉刀桿，使大刀略斜前劈，刀刃處產生推、挫、崩勁。

(四) 退步崩刀

1. 重心後移，右腳後撤一步成左三體式；同時，右手下弧線回拉刀至右胸前，刀刃斜向下；左手持刀桿後部，上弧線向前蓋壓刀纂，纂高與胸平；目視纂前方。（圖3-2-5）

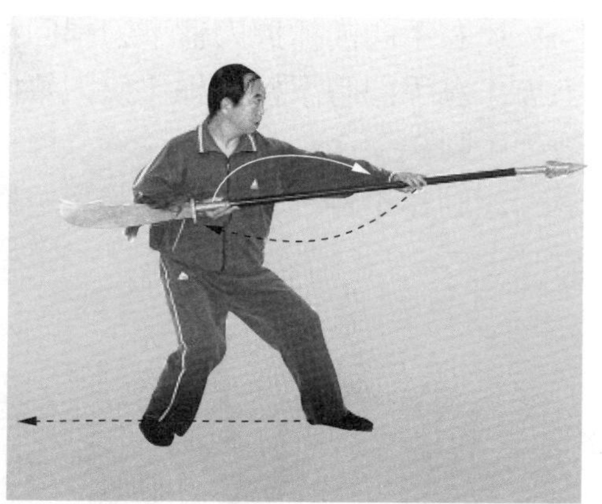
圖 3-2-5

2. 動作不停。重心後移，左腳向後搓落成退步崩拳步；同時，左手持刀桿後部，下弧線擺至右腋下，使刀纂向後；右手同時持刀桿前部，向前上弧線崩刀，刀刃向

下；目視刀前方。（圖 3–2–6）

圖 3–2–6

【要領】

體現形意器械「退也打」的特點。要求左腳踩落與兩手配合的崩刀協調一致。

（五）順步崩刀

借左腳後蹬，右腳前趟一步，隨即左腳跟進成右崩拳步；同時，右手持刀桿上端，貼身左側立圓下掛一周後，向前掄劈崩刀，刀面高與胸平；左手持刀桿後端，上弧線前推，使刀纂由後向前上掄出，接著左手持桿回拉至左胯旁，使刀纂下弧線擺至身後；目視刀前方。（圖 3–2–7）

圖 3–2–7

【要領】

右手持刀貼身左側掄掛一周，要求動作儘量開展，並借助慣性發崩刀勁。

(六)退步抹刀

圖 3-2-8

1. 左腳後撤一步成右弓步；同時，左右兩手持桿不動，右手持桿上擺至左肩前，左手持桿下擺至右腹前，使兩臂右上左下疊於胸前，刀向後，刃向下；目視刀前方。（圖 3-2-8）

2. 動作不停。借右轉身，重心後移，右腳後撤一步成左三體式步；同時，雙手持刀桿，貼身左側下掛半圈後，向頭右後上方抹刀，使刀刃斜向後；左手持桿上擺至右腋下；目視前進方向。（圖 3-2-9）

【要領】

抹刀與右腳後撤一致，同時眼睛隨刀走。定勢後擺頭，目視前進方向。

(七)斜順步劈刀

重心前移，左腳向前方右 45°墊上一腳，隨即右腳向左腳前方趟進一大步，左腳跟進半步成右三體式；同時，雙手持大刀，貼身左側下掛一周後，向右前方掄劈刀，刀刃向下，左手持桿貼靠左胯旁；目視刀前方。（圖 3-2-10）

【要領】

右前方墊步掛刀是顧法，順步劈刀是打法，要求手腳

圖 3-2-9

圖 3-2-10

協調，力達刀刃。

(八)退併步絞刀

重心後移，左腳後撤半步，右腳後撤一步成右腳在前

的併步；同時，兩腕左裏旋、右外旋，回拉刀桿，使刀面順時針絞一圈後，拉壓刀盤至右胸前，使刀身平，刃向左，高與胸平；目視右腳前上方。（圖 3-2-11）

圖 3-2-11

【要領】

借兩腳後撤，刀面絞一約二尺的圓，力點在下刀面，以拍擊對方來的器械。

（九）左提膝刺刀

右腳裏扣腳尖向前一步，左腳勾腳尖正提膝成獨立步；同時，雙手持刀桿，向前上方刺刀，刀面平，刃向左，高略過頭；目視刀前方。（圖 3-2-12）

圖 3-2-12

【要領】

獨立要穩，與

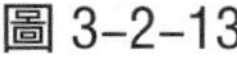
圖 3-2-13　　圖 3-2-14

左提膝刺刀叫齊。

（十）橫襠步刺刀纂

左腳裏扣腳尖，向回去方向落一步成重心落右腿的橫襠步；同時，左手活把；右手持刀桿上端向回刺刀纂，刀身高與胸平；目視刀纂前方。（圖 3-2-13）

【要領】

兩手心相對，使平刺刀纂勁力順達，此時大刀刃斜向上。

（十一）轉身進步劈刀

重心前移，以左腳跟為軸外擺腳尖，接著右腳向前上一步成右三體式；同時，雙手持大刀，貼身左側下掛一周後，向前掄劈刀，刀刃向下，左手持桿貼靠左胯旁；目視刀前方。（圖 3-2-14）

(十二)轉身提膝劈刀

右腳裏扣，重心前移，右腿獨立，左腳勾腳尖正提膝；同時借左轉身，右手持刀桿上端，從右耳側上方掄劈刀，刀高肩平；目視刀前方。(圖 3-2-15)

圖 3-2-15

【要領】

轉身獨立要穩，劈刀與提膝要相夾相稱。

(十三)進步炮刀

1. 左腳向前落步；右手持刀，貼身左側上後掛；左手順勢上捋，兩手倒把，右手下捋刀桿下端；目視刀前方。(圖 3-2-16)

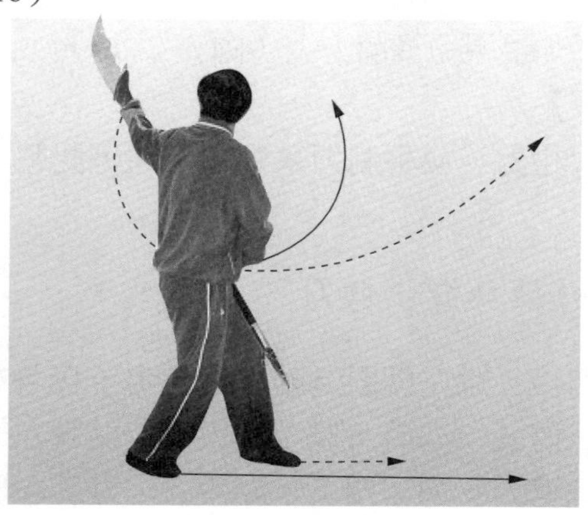

圖 3-2-16

圖 3-2-17

2. 動作不停。重心前移，右腳前趟一大步，左腳跟進半步成右炮拳步；同時，右手上弧線裏旋回拉至右耳旁；左手外旋，下弧線撩推炮刀，刀刃朝上；目視刀前方。（圖 3-2-17）

【要領】

（1）倒把要熟練、流暢。

（2）炮刀桿有擋架之意，刀刃內含推、撩攻擊勁力。要求刀到步到。

（十四）撤步提膝舞花

1. 左腳後撤成右弓步；左手貼身左側下拉刀盤至左胯旁，刀尖向後，刀刃向下；右手上弧線前下壓刀纂；目視刀纂。（圖 3-2-18）

2. 動作不停。右腳後撤一大步成左弓步；同時，左手貼身左側上弧線下捋把，接著左右倒把，右手貼身右側下

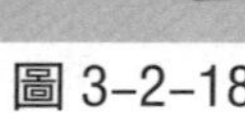

圖 3-2-18

圖 3-2-19

弧線上捋把至右胯旁；目視刀前方。（圖 3-2-19）

3. 動作不停。重心後移，右腿獨立，左腳勾腳尖正提膝；同時，右手持刀桿上端，從下向上、經右耳側在身左側掛花；左手隨之上捋配合，使刀刃斜向下，刀纂斜向上過頭；目視刀桿前方。（圖 3-2-20）

4. 動作不停。左提膝獨立不動；同時，右手持刀左下掛一周後，右手拉刀至左膝右側，刀刃向前；左手及刀纂隨之運行至左膝左上方，刀纂向左；目視前方。（圖 3-2-21）

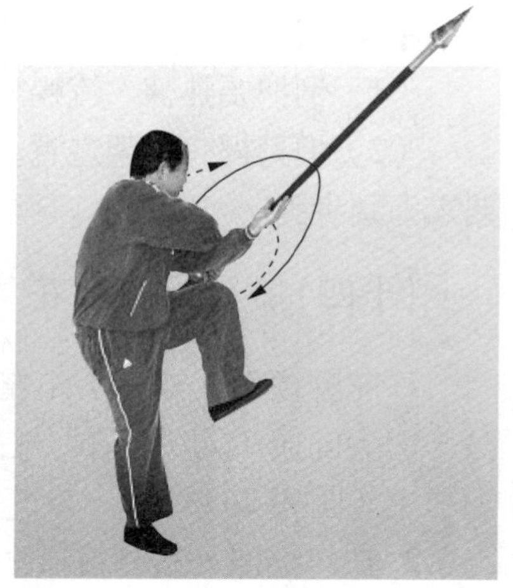

圖 3-2-20

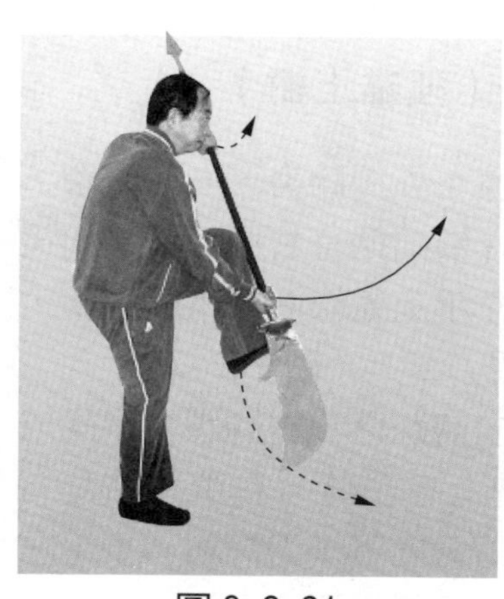
圖 3-2-21

圖 3-2-22

【要領】

（1）左右掛舞花要與撤步及提膝協調一致。

（2）倒把後，不管左右哪隻手握刀盤下端，都應使發力方向與刀刃一致。

（十五）上拗步鑽刀

左腳下落，前上一步，右腳跟進半步成左炮拳步；同時，左手上弧線回拉至左額頭；右手下弧線前推刀盤至胸前方，使大刀尖向下，刃斜向前方，由推撩，使刀刃發出鑽刀勁力來；目視前方。（圖 3-2-22）

【要領】

（1）右手反刃推撩刀要與左腳上步叫齊，並做到鼻尖、刀尖及左腳尖「三尖相對」。

（2）左手背貼左額頭上，左肘側揚，構成三角力以保持刀桿穩定。

(十六)進步蹬腳掛劈刀(狸貓上樹)

1. 左腳前墊一步，右腳屈膝，外擺腳尖，向前蹬腳，腳高與胯平；同時，右手持刀桿前端貼身右側，從下向後撥掛至右胯旁，刀刃斜向下；左手上弧線向前下壓刀纂，使刀纂尖向前，高與胸平；目視刀纂。（圖 3-2-23）

2. 動作不停。右腳尖外擺向前踩落，左腳跟進半步成右腳在前的交叉步；同時，借上身左轉，右手刀貼身右側，上弧線從後向前下劈刀，刀刃向下，刀高與肩平；左手下弧線回拉至腋下，使刀纂下弧線擺至身右側後方，刀纂向後；目視刀前方。（圖 3-2-24）

【要領】

（1）狸貓上樹蹬腳是外擺腳尖，屈伸蹬出同胯高，力達腳跟。

（2）蹬腳與蓋刀纂要上下協調。踩落與劈刀要迅猛、剛實。

圖 3-2-23

圖 3-2-24

（十七）進拗步崩刀

左腳前趟一大步，右腳跟進半步成左崩拳步；同時，兩手配合，使大刀貼身左側下掛一周後向前崩刀，刀高與胸平，刀刃向下；左手持刀桿後端，前後畫弧一周後回拉至左胯旁，使刀纂向後；目視刀前方。（圖 3-2-25）

圖 3-2-25

(十八)右轉身劈刀

左右兩腳以腳跟為軸，借身體右轉 180°，左腳尖裏扣，右外擺，轉向與前進方向相反的方向；同時，雙手配合，使大刀上揚，借右轉體，大刀貼身右側立圓下掛一周後向前劈刀，刀高與胸平；左手持刀桿後端，擺至右腋下；目視刀前方（圖 3–2–26）。

【要領】

是原地轉體發勁動作，要求掛劈刀與轉體協調一致。

(十九)搖轉劈刀

1. 左腳外擺腳尖向前上一步；同時，右手腕裏旋上抬，使刀背向左；目視刀背。（圖 3–2–27）

2. 動作不停。右腳弧行裏扣向前上一步，借上身左轉 180°，使左腳跟裏擰，後撤成右三體式；同時，兩手配

圖 3–2–26

圖 3-2-27

合，使刀背向前斜雲搖轉後，刀刃朝斜下前劈刀，刀高與肩平；左手持刀桿後端擺落至左胯旁；目視刀前方。（圖3-2-28）

圖 3-2-28

【要領】

以腰為主搖轉，爭取左右腳上步同時落地，並與斜劈刀協調一致。

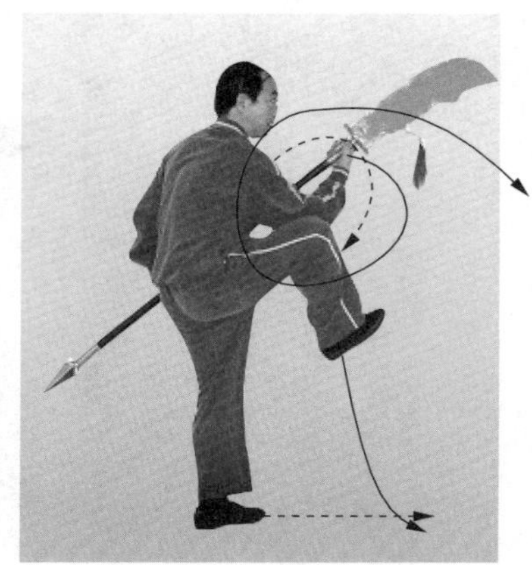

圖 3-2-29

(二十)上步提膝絞刀

左腳前上一步，右腳勾腳尖前提膝；同時，大刀桿以腹前為支點，兩手配合，順時針絞刀一周後，刀刃向上挑刀；目視刀前方。（圖 3-2-29）

【要領】

（1）正提膝過胯，獨立要穩。

（2）絞刀進力點在刀面上，以拍擊對方來的器械。挑刀時力點在刀刃上。

(二十一)進拗步劈刀

1. 右腳下落，前上一步，左腳跟進成左提步；同時，兩手配合，使大刀貼身右側下掛一周，刀刃朝上，左把擺至右腋下，刀高與頭平；目視刀前方。（圖 3-2-30）

2. 動作不停。左腳前上一大步，右腳跟進半步成左三體式；同時，兩手配合，使大刀貼身左側下掛一周後，向前劈刀，刀高與肩平；目視刀前方。（圖 3-2-31）

【要領】

劈刀要求動作大些，以體現掄劈效果。崩刀要求動作幅度小些，表現推、搓、崩勁。

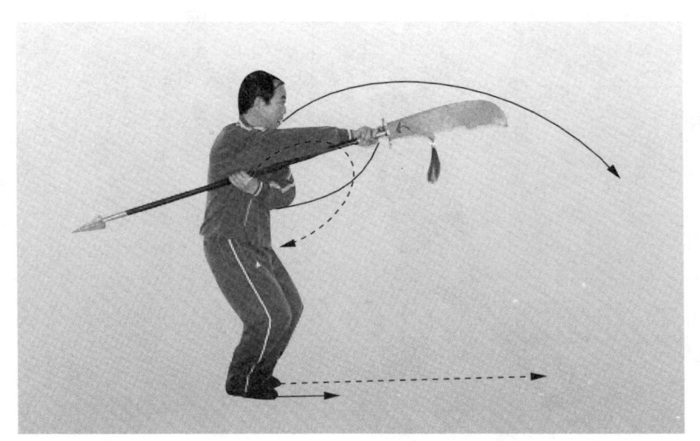

圖 3-2-30

圖 3-2-31

(二十二)左弓步斜刺刀

左腳前上一步成左弓步；同時，雙手持刀桿平刃下拍後，向前上方直刺，刀高過頭；目視刀前方。（圖 3-2-32）

圖 3-2-32

【要領】

斜上刺刀時，左手活把，右手刺刀與左上步協調一致。

（二十三）轉身刺刀纂

右腳裏扣腳尖，前上一步成重心落於右腿的橫襠步；同時，左手活把，上抬同肩高；右手持刀桿前端，向後直刺刀纂；目視刀纂。（圖 3-2-33）

【要領】

右手持刀盤下端向後直刺刀纂，要求刀刃斜向下方，以防撩刀時刃尖碰傷自己。

（二十四）轉身蹬腳掄劈刀（狸貓倒上樹）

1. 左腳尖外擺成交叉步；同時，兩手持刀，借上身左轉，貼身左側下掛一周；目視回頭後前方。（圖 3-2-34）

圖 3-2-33

圖 3-2-34

圖 3-2-35

2. 動作不停。右腳屈膝外擺腳尖向前蹬腳，腳高與胯平；同時，兩手配合，貼身右側下掛刀時，使刀纂向前；目視刀纂。（圖 3-2-35）

3. 動作不停。右腳尖外擺向前踩落，左腳跟進半步成右腳在前的交叉步；同時，借上身右轉，右手刀從身右側後方向上、向前下劈刀，刀刃向下，刀高與肩平；左手下弧線回拉至右腋下；目視刀前方。（圖 3–2–36）

圖 3–2–36

【要領】

（1）狸貓上樹刀與狸貓倒上樹刀的區別在於前者是進步，後者是轉身的。

（2）狸貓倒上樹刀是形意連環大刀的轉身回頭動作。

圖 3–2–37

至此形意連環大刀的前半趟及回頭講解完。若接著練，可接上步崩刀，退步崩刀……待練到與起勢同方向同位置的圖 3–2–37 時，再接上步崩刀圖 3–2–38 後方可收勢。

圖 3-2-38

(二十五)收　勢

1. 借上身右轉，左腳尖裏扣，右腳後撤半步成內八字腳；同時，雙手持刀，貼身前下掛一周，使刀刃向下，兩臂左下右上疊在胸前；目視前進方向。（圖 3-2-39）

圖 3-2-39

圖 3-2-40

圖 3-2-41

2. 動作不停。重心後移，身體右轉，左腳裏扣腳尖，向後上一步成重心在右腿的橫襠步；同時，兩手配合，立圓貼身舞花掄刀至右肩前上方，刀刃斜向上，刀高與頭平；目視刀前方。（圖 3-2-40）

3. 動作不停。右腳回撤並靠在左踝裏側成右提步；同時，右手持刀桿回拉至右肩前；左手持刀桿回拉至左胯旁，使刀刃向前，刀桿貼身斜立；目視前方。（圖 3-2-41）

4. 動作不停。重心後移，右腳後撤一步，左腳後撤半步成左三體式；左右兩手同時在身體前上方持刀桿前上舉，使刀刃向前，刀桿斜立頭前；目視前方。（圖 3-2-42）

5. 動作不停。左腳裏扣，腿直立，右腿向左腿併立，成面向前進方向左側的立正姿勢；同時，雙手持刀桿，使大刀垂直下落，刀纂在左腳尖外側拄地，左手裏扣刀桿中

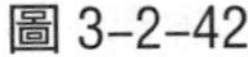
圖 3-2-42

圖 3-2-43

部，刀桿上部靠在左上臂上，刀刃向前；右手變掌，自然下落於體右側；目視兩腳尖前方。（圖 3-2-43）

【要領】

（1）收勢動作不求快，但須連貫一氣。

（2）轉身舞花要求身、械協調。退步架刀要求式穩、勁沉實。

第三節　形意文杖

形意文杖是形意稀有器械之一。「文杖」顧名思義是老年人拄的長柄拐杖，杖（竿）本身是由中國南方特有的實心竹子六節截成，所以也有叫七星竿的。竿長約與肩或胸高，輕靈便於攜帶，也有用藤子桿演練的。將竿兩端包上鐵或銅箍，以利拄地時耐磨，並增加擊打效果。

上世紀 70 年代我在形意拳械上有一定基礎後，才在父

親李文彬指導下學練文杖，在練習中逐漸認識和喜歡上它特有的勁力。經由幾十年自身磨礪，現展現給中外武術愛好者，希望大家喜歡。

「文杖」按老父親說法就是「要打出鞭梢子勁來」。兩手配合，不管正手、反手，不管從何角度都應打出抖彈勁來，也就是鞭梢子勁。它與流傳於山西的鞭桿有相似之處，又有不同之處，故應區別開來。

一、形意文杖的動作名稱

（一）起勢
（二）弓步戳竿
（三）震腳弓步戳竿
（四）提膝舉竿
（五）退步平攔竿
（六）弓步刺竿
（七）上步下攔竿
（八）原地上攔竿
（九）馬步戳竿
（十）後插步絞竿
（十一）轉身仆步掃竿
（十二）進步左右掛竿
（十三）弓步戳竿
（十四）原地上攔下撩竿
（十五）搖轉斜劈竿
（十六）上步推竿
（十七）轉身蹬腳劈竿
（十八）搖轉劈竿
（十九）後插步戳竿
（二十）上攔轉身平掃竿
（二十一）進步串把
（二十二）原地平掃攔竿
（二十三）轉身上步平攔竿
（二十四）右順式上攔竿
（二十五）左順式下攔竿
（二十六）後插步疊竿
（二十七）舞花撩竿
（二十八）翻身劈竿
（二十九）原地下上攔竿
（三十）收勢

二、形意文杖的動作說明

形意文杖的運動路線呈直線，因前半趟與後半趟動作不同，故需全部講解。

(一)起　勢

身體成立正姿勢；右手持竿，使竿垂直立於身右側；左手成掌形，垂於左大腿外側；目平視前方。（圖 3–3–1）

(二)弓步戳竿

1. 身體不動；右手活把，左手握竿在右肩前垂直上提；目視左手。（圖 3–3–2）

2. 身體左轉，左腳向前進方向墊上一腳；同時，左手

圖 3–3–1

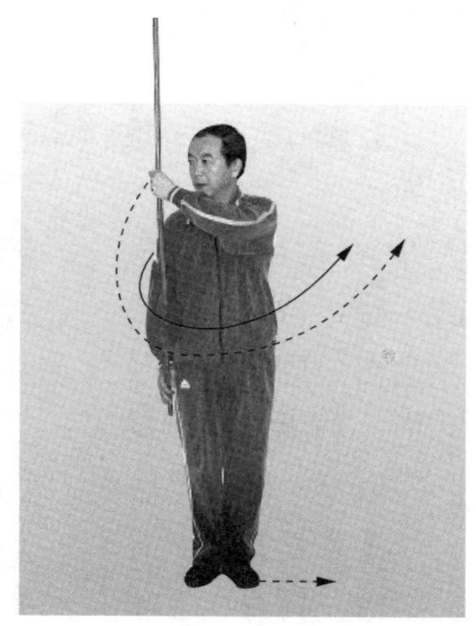

圖 3–3–2

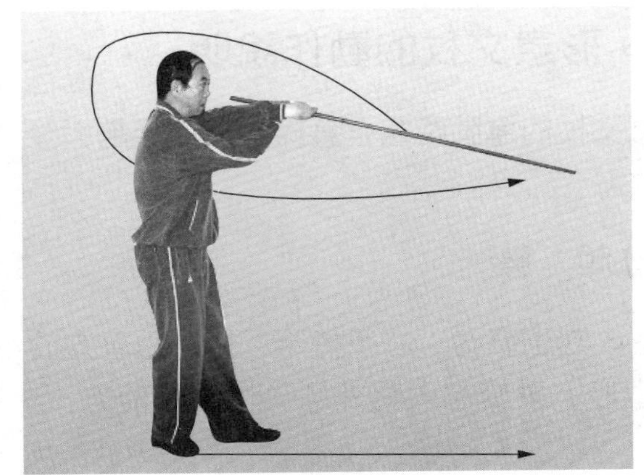

圖 3-3-3

圖 3-3-4

活把，與右手配合，使竿貼身右側外下掛至身前，竿前端高與胸平；目視竿前方。（圖 3-3-3）

3. 動作不停。重心前移，右腳前上一大步成右弓步；同時，雙手持竿，貼身左側掛一周後，左手活把、右手持竿後端向前戳竿；目視竿後把。（圖 3-3-4）

【要領】

借左轉身，左墊右上步，連續右左側外上掛，要求貼身成立圓，並與弓步戳竿叫整。

圖 3-3-5

圖 3-3-6

(三)震腳弓步戳竿

1. 重心後移，右腳後撤一步震腳，左腳原地提起成左提步；同時，右手持竿後端，貼身左側向左腋下疊竿，隨之右手變拳回拉至臍右側，拳心向上；左手亦同時反把持竿前端向前；目視前方。（圖 3-3-5）

2. 動作不停。重心前移，左腳前上一大步成左弓步；同時，左手反手持竿前端直戳，竿與肩平；目視竿端。（圖 3-3-6）

【要領】

疊竿與右震腳左提步、左戳竿與左弓步要上下協調，動作輕快。

(四)提膝舉竿

重心後移，右膝微屈獨立，左膝勾腳尖正提膝；同時，左手反手持竿，向上擺臂至左耳側，竿前端向上；右拳

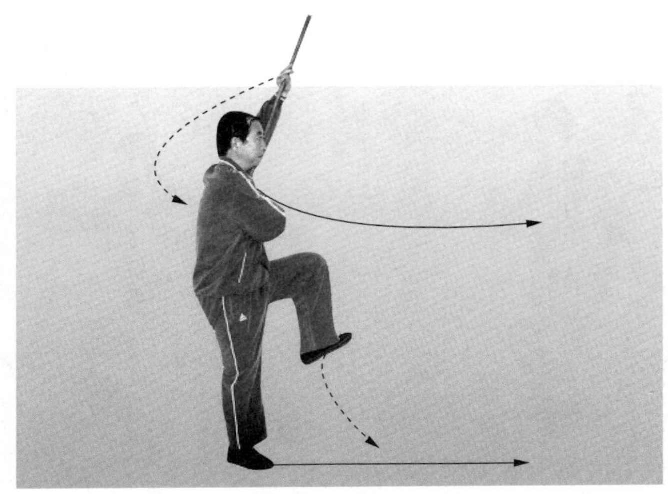

圖 3–3–7

亦同時變掌，上穿左腋下扶竿；目平視前方。（圖 3–3–7）

【要領】

正提膝高過胯，要求動作舒展大方。

(五)退步平撣竿

1. 動作不停。重心前移，左腳下落，前上一步，右腳接著前上一大步成右三體式；同時，右手持竿，由下向前挑把，把高與肩平；左把下落左胸前；目平視右把。（圖 3–3–8）

2. 動作不停。右腳以前腳掌為軸，借身體左轉 180°，使左腳後擺撤一步，成與前方相反方向的右三體式；同時，右手活把，兩手配合，經身右側向前平撣竿，竿高與肩平；目視竿前方。（圖 3–3–9）

【要領】

平撣竿要借助上身轉體慣性，要求力點準確。

圖 3-3-8

圖 3-3-9

(六)弓步刺竿

兩腳以跟為軸，上身左轉，接著左腳墊上半步成左弓步；同時，右手活把，左手變把成虎口向前進方向握把；

圖 3-3-10

接左手活把，右手持後把端，向前直刺，竿高與肩平；目視竿前方。（圖 3-3-10）

【要領】

借助左轉身，先左手拉竿，再右手刺竿，要求連接流暢、勁力順達。

(七)上步下撣竿

重心前移，右腳向前趟進一大步，左腳跟進半步成右三體式；同時，先左手活把，上捋至竿梢，再右手活把，由下向前上撩撣竿後端，竿端高與肩平；目視竿前方。（圖 3-3-11）

【要領】

下撣竿前，竿貼身右側由後向前立圓下掛上撩竿，發勁使竿後端抖動。

圖 3-3-11

（八）原地上撣竿

1. 兩腳不動。身體略長身；同時，右手活把下捋；左手持竿頭回拉至左肩外；目視前方。（圖 3-3-12）

圖 3-3-12

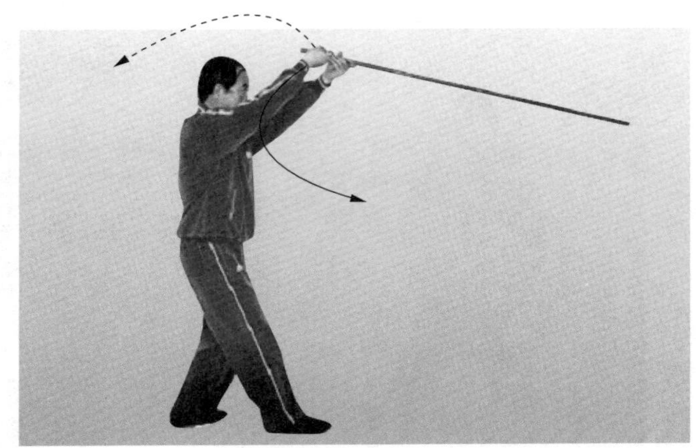

圖 3–3–13

2. 動作不停。左手向前活把擺臂至臉前；右手持後把，回拉外旋翻腕至臉前，左右兩把併把，使竿梢由上向下發力抖勁；目視前方。（圖 3–3–13）

【要領】

利用慣性，左捋把、右翻腕協調，使竿梢向下有一彈抖力。

(九) 馬步戳竿

1. 兩腳不動。左手上捋把，貼身左側回拉竿至左肩外；右手持後把，邊裹旋邊下擺至腹前；目視前方。（圖 3–3–14）

2. 動作不停。借左腳後蹬，右腳跟外搓前趟一步，隨之左腳跟進，成面向前進方向左向的馬步；同時，右手活把，持後把上抬同肩高；左手亦同時持竿梢向前戳把同肩高；目視右把端。（圖 3–3–15）

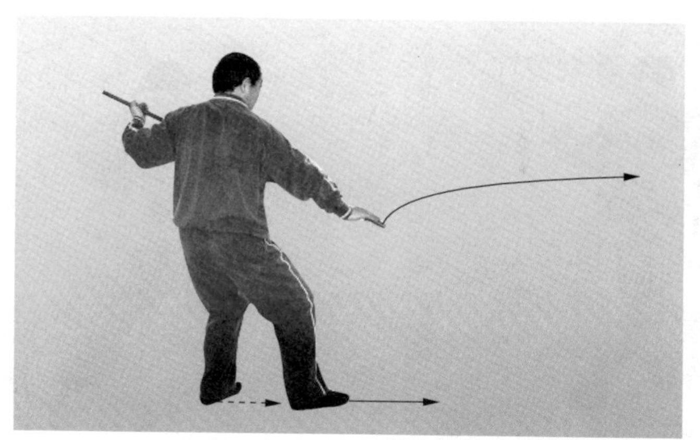

圖 3-3-14

圖 3-3-15

【要領】

借右腳橫搓上步慣性，與後把戳竿協調一致，力達竿後端。

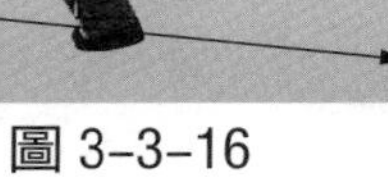

圖 3-3-16

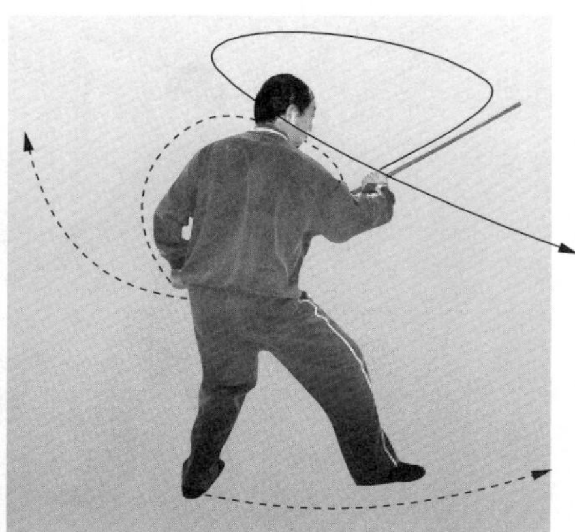

圖 3-3-17

(十)後插步絞竿

右腳裏扣腳尖前上一步，隨即左腳經右腳跟向前插步，左腳跟向前進方向；同時，兩手持竿順時針絞把一周，使竿後把在身右方畫圓一周；目視右後竿端。（圖 3-3-16）

【要領】

（1）右腳上墊步要輕靈，後插步重心側重於右腿。

（2）借助竿貼身為支點，兩手絞把，力達竿後把，並使之絞動一圈。

(十一)轉身仆步掃竿

1. 動作不停。右腳向前上步成右三體式步；同時，兩把持竿，貼身再順時針絞竿一周；目視竿前方。（圖 3-3-17）

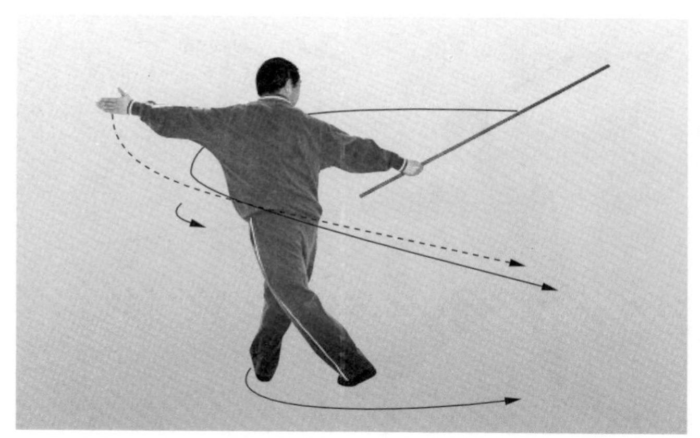

圖 3-3-18

2. 動作不停。左腳向前後插步；同時，右手向後端捋把，接貼身前上掛竿，竿高與頭平；左手變掌，上擺至左肩前方，掌指向後，掌略高於肩；目視右竿前方。（圖 3-3-18）

3. 動作不停。借左轉身約一周，以左前腳掌為軸，右腳裏扣弧行向前進方向上一步成右仆步；同時，右手持竿後把，平掃至右仆腿前上方，竿高同胯高；左掌扶按於右前臂中節上；目視竿前方。（圖 3-3-19）

【要領】

（1）後插步絞竿與轉身仆步掃竿連貫協調，一氣呵成。

（2）兩個後插步接右仆步掃竿時，身體不得仰俯起伏。

圖 3-3-19

(十二)進步左右掛竿

1. 右腳回撤半步成右腳尖向前的右高三體式；同時，右手下捋至竿後端；左手上捋活把至竿梢，使竿在身左側上掛至左肩後上方；目視前方。（圖 3-3-20）

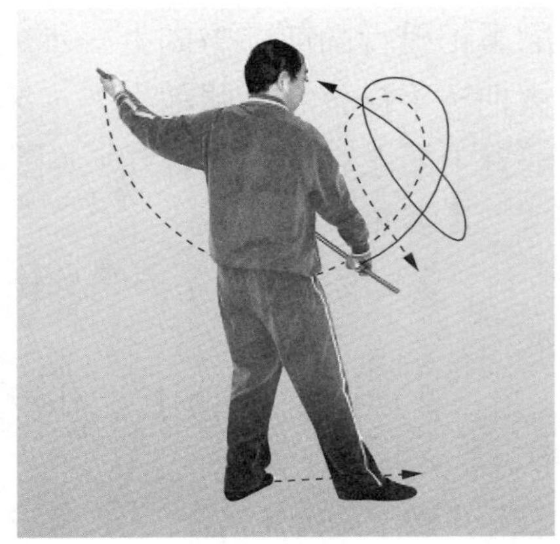

圖 3-3-20

2. 動作不停。左腳跟進成左提步；同時，左手下弧線貼身左側向竿後端捋倒把；接著右手上弧線貼身右側向竿梢捋把，使竿貼身左側下掛後，再貼身右側上掛至右肩後上方；目視前方。（圖 3-3-21）

圖 3-3-21

【要領】

倒換把是說捋把手至握竿手時，兩手同時變掌，捋把手變握竿手，握竿手變捋把手。

(十三)弓步戳竿

圖 3-3-22

動作不停。左腳前上一步成左弓步；同時，借左手前拉竿，右手上捋把至竿梢；隨即左手活把，右手持竿梢向前戳竿後把，右手貼右胸前，竿高與肩平；目視竿前方。（圖 3-3-22）

【要領】

左右掛竿與左弓步戳竿要求掛竿成立圓，動作連貫叫

整。

(十四)原地上撣下撩竿

1. 左腳後撤半步成左高三體式步；同時，右手持竿回拉，左手向竿後端捋把；接著右手由身右後方向前活把擺臂至臉前；左手持後把，回拉外旋翻腕至臉前，使竿梢由後經前上向下發力撣竿，竿梢高與肩平；目視竿前方。（圖 3–3–23）

2. 動作不停。兩腳不動，右手活把上捋至竿梢，左手持後把貼身左側回拉；接著左手活把，右手持竿梢弧行回壓，使竿貼身左側由下向前上撩撣竿，竿後端在前，高與肩平；目視竿前方。（圖 3–3–24）

【要領】

（1）上撣竿前掛竿貼身右側成左右正手發勁。

（2）下撣竿的前掛貼身左側成左右反手發勁。

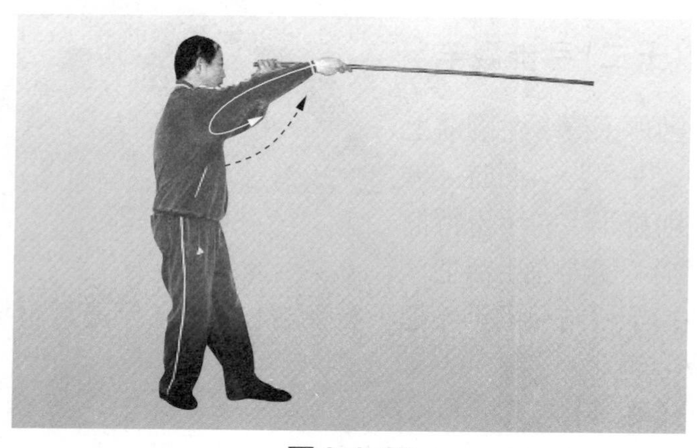

圖 3–3–23

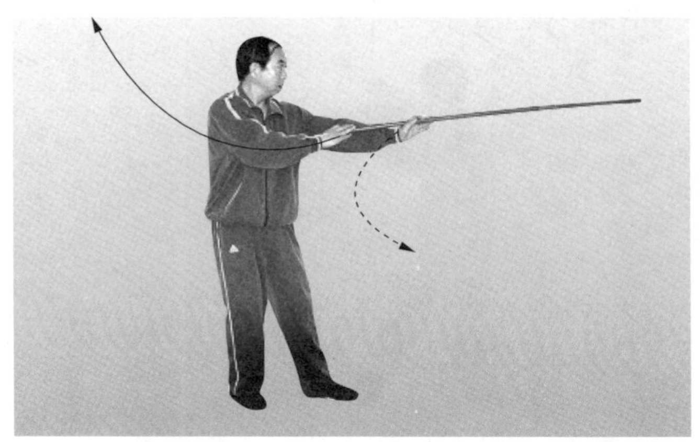

圖 3-3-24

(十五)搖轉斜劈竿

1. 兩腳及身體不動；左手活把向竿後端捋把；右手持竿梢，弧行貼身右側回拉竿至右肩後上方；目視前方。（圖 3-3-25）

圖 3-3-25

圖 3-3-26

2. 動作不停。借重心前移，身體左轉，右腳裏扣腳尖向前一步；同時，右手下捋至距左把半尺位置，雙手持竿弧行擺竿至頭右側；目視前進方向左側。（圖 3-3-26）

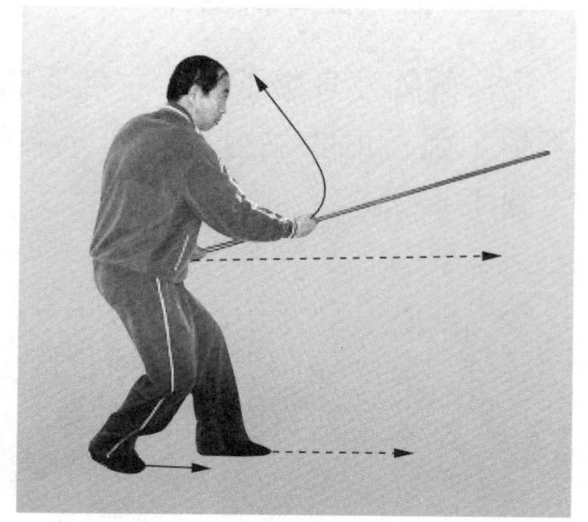

圖 3-3-27

3. 動作不停。左腳提靠右踝裏側，右腳以前腳掌為軸，身體左轉 360°，接著左腳向前進方向趟一步，右腳隨即跟進半步成左三體式；同時，雙手持竿，借轉體 360°在頭上斜雲竿一圈後，向定勢後的左腳前上方斜劈竿，竿高與胸平；目視竿前方。（圖 3-3-27）

【要領】

（1）提步轉身360°要與頭上斜雲竿一圈協調一致，斜雲竿圈直徑約一尺。

（2）左三體式劈竿要借轉體攪竿慣性，勁力達竿梢。

（十六）上步推竿

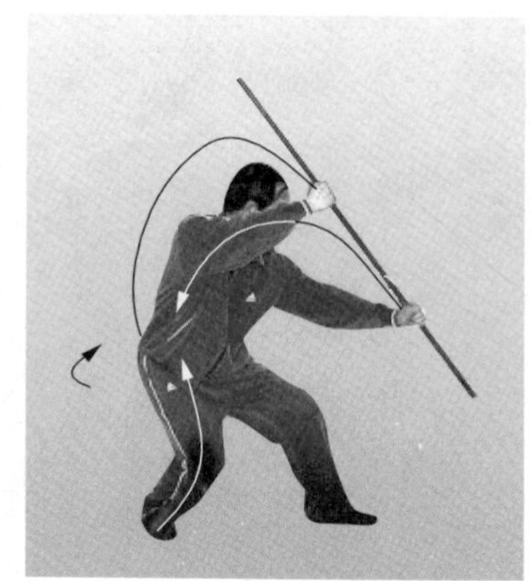
圖 3–3–28

重心前移，左腳前趟一步，右腳跟進半步成左三體式；右手上捋竿，左右手持竿向前推；目視竿前方。（圖 3–3–28）

【要領】

（1）右手上捋把，左手也相應上捋把，使兩手握竿位置相當並一起前推。

（2）推竿動作既是防守方法，又是「沾身縱力」技法。

（十七）轉身蹬腳劈竿

1. 左腳尖裏扣，重心移至左腿，借身體右轉，右腳屈膝提起，腳尖外擺向前蹬出，腳高與胯平；同時回拉右手上捋竿梢，接左手上捋竿至中節，使竿後端從左肩上揚起，借右轉身向右腳方向反手下劈竿後端，竿高與胸平；目視竿前方。（圖 3–3–29）

2. 動作不停。右腳尖外擺向前踩落，左腳跟進半步成右腳在前的交叉步；同時，左手下捋把，持竿後端收至右

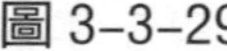

圖 3-3-29

圖 3-3-30

腋下；右手亦上弧線下捋把至竿中節，使竿貼身右側立圓劈竿梢，竿高與肩平；目視竿前方。（圖 3-3-30）

【要領】

（1）該動作的舊時名稱叫「狸貓倒上樹」，是形意拳較典型的轉身回頭動作。

（2）先捋右把，再捋左把，根據動作要求變化兩手在竿上的位置。

（3）此動作是本套路轉身回頭動作，為後半趟起始動作。

（十八）搖轉劈竿

1. 左腳向回頭後前進方向外擺腳尖上一步；雙手持竿，向左腳前上方擺竿，竿梢高過頭；目視左腳前上方。（圖 3-3-31）

2. 動作不停。借左搖轉體 180°，右腳裏扣擺腳上一

圖 3-3-31

步，左腳擰轉後撤成右三體式步；同時，左手持竿後把，邊回拉至左腹前，邊雙手配合，使竿梢在頭頂順時針絞一圈後，向右腳尖前上方斜劈竿，竿梢高與頭平；目視竿前方。（圖 3-3-32）

圖 3-3-32

圖 3-3-33

【要領】

左外擺腳及搖轉擺腳流暢自然，並與斜雲絞竿上下協調。

(十九)後插步戳竿

右腳經左腳跟向前方插步（右腳跟方向為前進方向）；同時，先右手上捋，左手向左胯後拉竿；接著左手上捋，右手持竿梢向身左下方戳竿，竿後把低於膝；目視竿後把。（圖 3-3-33）

(二十)上撣轉身平掃竿

1. 動作不停。兩腳不動；右手上拉竿至右肩上，左手下捋至竿後端；接著右手從上向左擺臂下捋竿，左手持竿後端同時擺至右腋下，使竿梢從頭上向身左側前方上撣竿，竿梢高至肩平；目視竿梢。（圖 3-3-34）

圖 3-3-34

2. 動作不停。以左腳跟、右腳掌為軸右轉體 180°，成面向前進方向的右三體式；同時借助右轉體，左手持後把在右腋下不動；右平擺臂，使竿右平掃一周至右腳上方同肩高；目視竿前方。（圖 3-3-35）

圖 3-3-35

圖 3-3-36

圖 3-3-37

【要領】

借助右轉體及右擺臂，使平掃竿動作流暢，定勢勁整。

(二十一)進步串把

1. 重心前移，上身右轉，左腳前上一步成左三體式；同時，右手活把，左手持竿後把前刺，並與右把併把；接著左手串把且向前活把，右手持後把回拉至右胯旁；目視竿前方。（圖 3-3-36）

2. 動作不停。借重心前移，上體左轉，右腳向前上一步成右三體式；同時，左活把，右手持竿後把前刺，並與左把併把；接著右手串把且前活把，左手持後把回拉至左胯旁；目視竿前方。（圖 3-3-37）

【要領】

（1）左右上步不求步大，只求連貫，身體沒有起伏。

圖 3-3-38

（2）前刺竿要快速有力，串把回拉要求連貫靈活。

(二十二)原地平撣竿

右腳尖裏扣，上身左擰重心前移至右腿成橫襠步；同時，左手持把，邊外旋邊擺至右肩前；右手亦同時下捋把向右平擺竿，使竿平，與肩同高，從身左向後平撣竿；目視竿前方。（圖 3-3-38）

【要領】

手腳為拗式，平撣竿借助右平擺臂，左腕外旋，使力達竿梢。

(二十三)轉身上步平撣竿

借右轉身，重心前移，左腳向前上一步成左三體式；同時，借左手向左拉，先右手上捋至竿梢，再右手持竿梢裏擺至左肩裏側；左手邊向上捋把，邊向轉身後左腳前上

圖 3-3-39

方平撣竿，使竿身平與肩高，左手反手持竿，向前平撣竿後端；目視竿前方。（圖 3-3-39）

【要領】

雖然是左手腳順式，但因左手反把持竿發勁，故使用方法有所不同。

(二十四)右順式上撣竿

重心前移，右腳前上一步成右三體式；同時，借右手回拉竿，使左手活把下捋至竿後端；接著右手活把下捋竿至臉前方，左手持後把外旋翻腕至臉前，使竿梢由上向下發勁。竿梢高與胸平；目視竿前方。（圖 3-3-40）

(二十五)左順式下撣竿

重心前移，左腳向前趟進一大步成左三體式；同時，先右活把上捋至竿梢，再左活把由下向前撩撣竿後端，竿

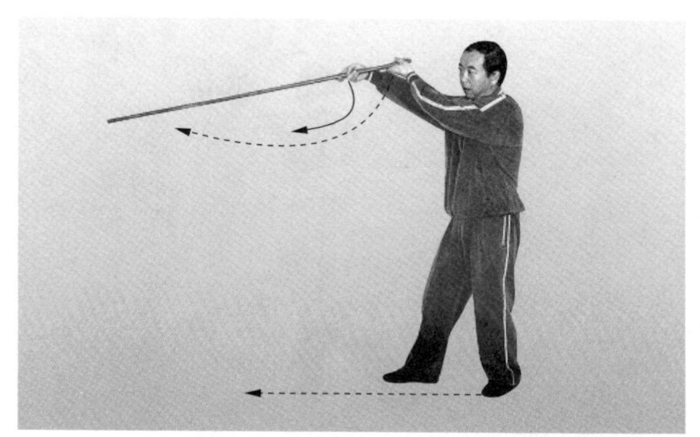
圖 3-3-40

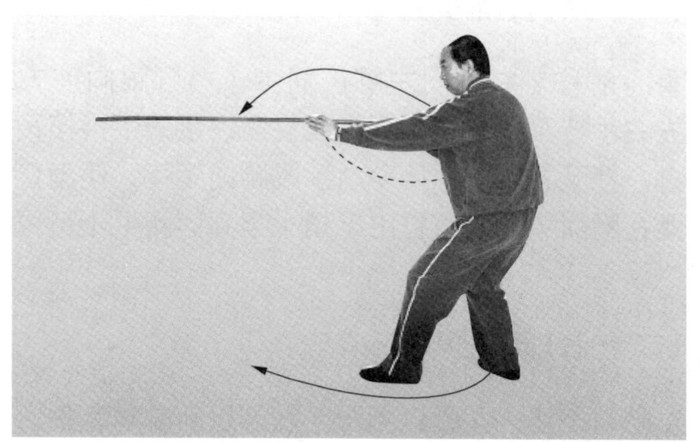
圖 3-3-41

端高與肩平；目視竿前方。（圖 3-3-41）

【要領】

與動作七、動作八要求相同。

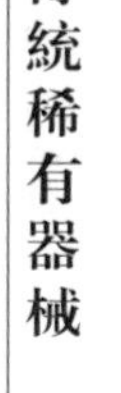

圖 3-3-42

(二十六)後插步疊竿

重心前移，右腳向左腳後插步，右腳跟向前方；同時，先右手持竿梢向右肩上方回拉，左手邊下捋竿後端，邊下擺左把至右腋下；接著右手經臉前下捋，使兩臂右上左下疊在胸前，向前方打出竿梢，竿高與胸平；目視竿前方。（圖 3-3-42）

(二十七)舞花撩竿

1. 動作不停。左腳以腳跟、右腳以前腳掌為軸，右轉體 180°，成面向前進方向左側的內八字步；同時，雙手配合，使竿貼身左側順時針立掛上半個圓後，轉身再在身前立掛一個圓，使兩臂右上左下疊在胸前；目視竿梢。（圖 3-3-43）

2. 動作不停。左腳向後插步；同時，左手持竿貼於右

腋下；右手持竿，下弧線向前撩竿；目視竿前端。（圖 3-3-44）

【要領】

此舞花動作要求貼身，立圓流暢。撩竿與左後插步叫齊。

圖 3-3-43

圖 3-3-44

(二十八)翻身劈竿

1. 動作不停。兩腳不動；右手運竿貼身右側立圓順時針掛竿一圈，使左手持竿後端轉至左肩前方；目視竿前方。（圖 3-3-45）

2. 動作不停。以右腳跟、左前腳掌為軸，身體左轉約 300°，並借重心前移，右腳向前上一步成右三體式；同時，借轉體翻身，右手邊下捋竿，邊兩臂揚起後下劈竿，左把貼臍前，竿端高與胸平；目視竿前方。（圖 3-3-46）

【要領】

劈竿要借助轉體、翻身、上步慣性。

(二十九)原地下上撩竿

1. 兩腳不動；右手上捋竿梢端，再下壓胸前；左手亦隨之捋竿，使竿經左膝外側，從下向前上下弧揮竿，竿高

圖 3-3-45

圖 3-3-46

圖 3-3-47

與胸平；目視竿前方。（圖 3-3-47）

2. 動作不停。兩腳不動；右手持竿梢端向右後方拉竿，右手下捋至後把端；接著右手持竿下捋把前壓腕至臉前，左手持把後端外旋腕，使竿梢上弧線向前揮竿，竿梢

圖 3-3-48

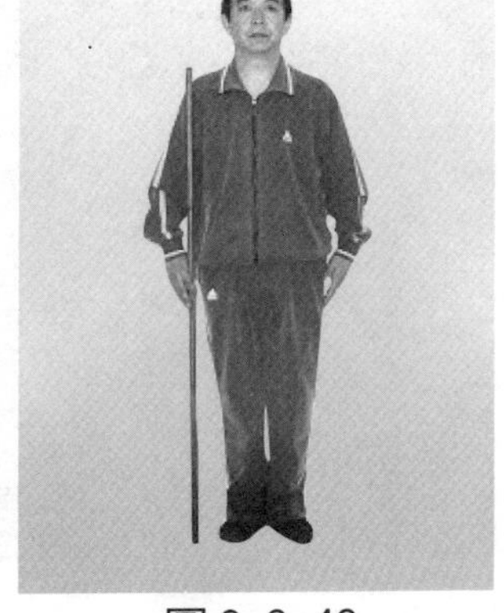
圖 3-3-49

高與胸平；目視竿前方。（圖 3-3-48）

【要領】

左右上下捋把要流暢，上下撣竿時後手要表現一短促發力，使力達竿端。

(三十) 收　勢

右腳尖裏扣，左腳跟向右腳跟併攏，身體成立正姿勢；同時，右手活把，左手拉後把下落；隨即左手活把，右手持竿下落，使竿後端著地；接著左手變掌，擺至身體左側；頭左轉平視正前方。（圖 3-3-49）

【要領】

（1）要求動作沉穩，不要太快。

（2）收勢後，兩臂及竿身自然下垂於體側成立正姿勢。